T0208065

Le
Triple Ministère
de Christ,

de la terre au séjour des morts

Louimaire Moléon Guillaume

Order this book online at www.trafford.com
or email orders@trafford.com

Most Trafford titles are also available at major online book retailers.

Printed in the United States of America.

ISBN: 978-1-4669-2236-5 (sc)
ISBN: 978-1-4669-2237-2 (e)

Trafford rev. 04/11/2012

 www.trafford.com

North America & international
toll-free: 1 888 232 4444 (USA & Canada)
phone: 250 383 6864 ♦ fax: 812 355 4082

Dedicated to

Rev. Pastor Reynold Lorrius and Mrs Junie Lorrius

TABLE DES MATIÈRES

*   *   *   *

1: Le ministère de Christ sur terre

2: Le ministère de Christ sur la croix

3: Le ministére de Christ au séjour des morts

*   *   *   *

PROLOGUE

Huit cents ans avant sa venue sur la terre, le prophète Esaïe avait déjà décrit le Messie qui devait naitre à Bethléhem, comme un Enfant qui sera chargé d'une noble mission sur la terre. Pour accomplir cette mission-là avec charisme, compétence et sérieux, le prophète Easïe avait reçu de la part de Dieu, la révélation directe de donner à l'Enfant les cinq titres que voici: Esaïe 9:5: Car un Enfant nous est né, un Fils nous est donné, et la domination reposera sur son épaule, et on l'appellera Admirable, Conseiller, Dieu Puissant, Père éternel, Prince de la paix. Et, il n'y avait pas que le prophéte Esaïe à avoir reçu révélations sur les différents noms et les titres que devait porter le Saint Enfant. D'ailleurs, à travers tout l'Ancien Testament, 366 prophéties ont été trouvées, ayant rapport à sa naissance, sa vie, son Ministère, sa trahison, son arrestation, sa flagellation, sa crucifixion, sa mort, sa résurrection, son ascension et son second retour à la rencontre de son Eglise sur les nuées. Sur ces 366 prophéties mentionnées dans l'AncienTestament, quelque 50 d'entre elles parlent de la naissance du Messie. Mais, parmi tous les prophètes qui avaient reçu révélations sur l'Enfant, Esaïe est le seul à avoir décrit le Messie avec autant de précision et d'exactitude. C'est pourquoi l'on a qualifié, avec raison Esaïe, de prophète messianique. Et, pour les Juifs, les noms ou les titres ont leur valeur sacrée dans la langue hébraïque. C'est ce qui fait qu'en Israel, on ne s'empresse pas de coller n'importe quel nom à la destinée d'un enfant. En effet, lorsqu'un enfant est né en Israel, souvent, ce sont les rabbins juifs qui sont chargés de déterminer le nom que doit porter l'enfant. Pour faire le choix du nom que doit avoir le nouveau né, les rabbins qui sont très versés dans le domaine, ont toujours choisi un nom porte-bonheur à donner, car c'est ce qui va déterminer la destinée de la personne pour le reste de sa vie. D'ailleurs, à la naissance, l'enfant doit être doublement nommé; c'est-à-dire qu' il doit avoir un nom public et un nom secret. Et même le nom public n'est jamais choisi au hasard. Pour ce qui est du nom secret de l'enfant, on peut le lui cacher pendant très longtemps, en suivant l'évolution de l'enfant, voyant si sa destinée est vraiment influencée par son appellation, avant de lui en faire la révélation. C'est ce qui fait que la grande majorité des noms donnés aux enfants juifs ou israélites, sont tirés de la Bible. Mais, pour ce qui est du passage en question, (Esaïe 9:5), nous avons plutôt affaire ici à des titres, au lieu des noms propres. Quoi qu'il en soit, dans le cas de l'Enfant Jésus, c'est Dieu lui-même qui avait donné au prophète Esaïe les titres qu'il devait porter. Et chacun de ces titres-là a une signification appropriée à la mission que devait accomplir le Messie sur la terre. Quand l'Enfant Jésus naquit dans une crèche à Bethléhem, les premières personnes à l'avoir admiré, furent Marie, sa mère, Joseph, son père adoptif, les bergers qui gardaient les moutons dans les champs et les mages de l'Orient qui lui apportèrent de l'or, de l'encens et de la myrrhe, quelque deux ans après. Et même les présents qu'on lui avait offerts indiquaient d'une manière symbolique, sa royauté, sa divinité, les souffrances qu'il allait endurer, ses meurtrissures et sa sépulture.

*   *   *   *

=CHAPITRE PREMIER=

I: Différents titres, pour une seule mission accomplie: <u>Explications détaillées</u>

a: <u>On l'appellera Admirable</u>

Par définition, <<Admirable>> veut dire ici: ce qui étonne, ce qui émerveille; ce qui est digne d'admiration; ce qui provoque l'étonnement; <<Admirable>> veut dire encore: ce qui est digne d'être admiré; ce qui fait l'objet d'émerveillement; ce qui est merveilleux . . .

En réalité, si le titre ou le nom que porte une personne doit déterminer sa personnalité, sa destinée, dans le cas de Jésus ici, comment expliquer que son titre<<Admirable>> marquait-il son ministère terrestre, au point même d'exciter l'admiration de tous? Dans le cas de Jésus, l'admirabilité de son ministère ne résidait pas seulement dans ses actions, elle

1

consistait aussi dans sa façon de vivre sur la terre, et dans sa façon de parler. Voyons Jésus d'abord dans sa façon de vivre. Jésus-Christ est la seule personne à avoir vécu sur la terre et à n'avoir jamais commis de péché: Qui me convaincra de péché? Si je dis la vérité, pourquoi ne me croyez-vous? Jean 8:46: Donc, il est <u>Admirable</u>. Voyons-le maintenant dans sa façon de parler. Jésus étonnait les grands de son temps; et il continue à le faire encore aujourd'hui dans ses enseignements, même après des milliers d'années d'absence. Prenons un exemple, où Jésus étonnait les grands de son temps. Luc 2:41-50: Les parents de Jésus allaient chaque année à Jérusalem, à la fête de Pâque. Lorsqu'il fut âgé de douze ans, ils y montèrent, selon la coutume de la fête. Puis, quand les jours furent écoulés, et qu'ils s'en retournèrent, l'Enfant Jésus resta à Jérusalem. Son père et sa mère ne s'en aperçurent pas. Croyant qu'il était avec leurs compagnons de voyage, ils firent une journée de chemin, et le cherchèrent parmi leurs parents et leurs connaissances. Mais, ne l'ayant pas trouvé, ils retournèrent à Jérusalem pour le chercher. Au bout de trois jours, ils le trouvèrent dans le temple, assis au milieu des docteurs, les écoutant et les interrogeant. Tous ceux qui l'entendaient étaient frappés de son intelligence et de ses réponses. Quand ses parents le virent, ils furent saisis d'<u>étonnement</u>, et sa mère lui dit: Mon Enfant, pourquoi as-tu agi de la sorte avec nous? Voici ton père et moi, nous te cherchions avec angoisse. Il leur dit: Pourquoi me cherchiez-vous? Ne savez-vous pas qu'il faut que je m'occupe des affaires de mon père? Mais ils ne comprirent pas ce qu'il leur disait. Pourquoi est-ce que j'ai pris le soin de rapporter les passages bibliques dans leur intégralité? Je l'ai fait, parce que je sais que bon nombre de ceux qui lisent l'ouvrage, ne vont pas se donner la peine de chercher à trouver les textes de références pour en faire la lecture. C'est cette raison qui m'a porté à transcrire avec soin, chaque passage biblique cité à titre d'informations. Mais, je ne l'ai fait pas dans le but de plagier. Maintenant, dites-vous bien, en quoi est-ce que le passage en question est-il utile pour montrer le rapport qui existe entre Jésus et son titre <<Admirable>>? Pour y répondre, il y en a, entre autres, cinq versets qui doivent attirer notre attention dans le passage. Premièrement, les versets 46-47: Au bout de trois jours, ils le trouvèrent dans le temple, assis au milieu des docteurs, les écoutant et les interrogeant. Tous ceux qui l'entendaient étaient <u>frappés de son</u> intelligence et de ses <u>réponses</u>. Vous vous rendez compte? Enfant de douze ans qu'il était, la sagesse et l'intelligence de Jésus émerveillaient grandement les docteurs de la loi, par la manière qu'il les écoutait et par la façon qu'il les interrogeait, avec une rare intelligence. Dans ce cas-là, l'Enfant Jésus forçait l'admiration des grands docteurs de la loi, non seulement par son attitude, mais aussi et surtout par sa sagesse. Donc, rendez-moi fou ou sage, de cette manière-là, l'Enfant Jésus était <u>Admirable</u>. Deuxièmement, allons aux versets suivants: 48-50: Quand ses parents le virent, ils furent saisis d'étonnement, et sa mère lui dit: Mon Enfant, pourquoi as-tu agi de la sorte avec nous? Voici, ton père et moi, nous te cherchions avec angoisse. Il leur dit: Pourquoi me cherchiez-vous? Ne savez-vous pas qu'il faut que je m'occupe des affaires de mon père? Dans ces deux versets, il y a deux choses qui <u>émerveillaient</u> les parents de Jésus: Premièrement, le fait de le trouver au milieu des docteurs de la loi. Car, à son âge, les parents de Jésus se doutaient fort de sa sagesse et de son intelligence, de se trouver au milieu de ces grands savants, voire même les interroger avec un esprit d'intelligence qui dépassait de loin le leur. Jésus était tout jeune encore, et pourtant, sa sagesse et son intelligence <u>émerveillaient</u> les docteurs de la loi, au point de les embarrasser même. Dans ce cas-là, il était aussi <u>Admirable</u>. Et en fin, la façon dont il répondait à la question de sa mère: Pourquoi me cherchiez-vous? Ne savez-vous pas qu'il faut que je m'occupe des affaires de mon père? Cette manière de répondre ne pouvait ne pas avoir étonné et Marie, sa mère et Joseph, son père. Car l'expression<<il faut que je m'occupe des affaires de mon père>> mettait certainement en doute la paternité de Joseph vis à vis de lui. Tant et si bien que le verset 50 dit avec raison: Mais ils ne comprirent pas ce qu'il leur disait. Là aussi, l'Enfant Jésus montrait qu'il était Admirable dans sa façon de parler.

1:) L'Enfant Jésus s'appelait <<Admirable>>, non seulement pour les raisons que je viens d'évoquer, mais il y a quantité d'autres faits rapportés au cours de son ministère qui l'ont prouvé.

2:) L'Enfant s'appelait aussi Admirable, parcequ'il allait étonner le monde par ses miracles et ses prodiges. Selon les recherches effectuées sur les quatre Evangiles du Nouveau Testament, pendant le Ministère terrestre de Jésus, il avait opéré, au moins, 35 grands miracles. En effet, Jésus ouvrit les yeux des aveugles; il fit marcher les boiteux; il chassa les démons; il marcha sur les eaux; il ressuscita Lazare, après quatre jours dans le tombeau (Jean 11:1-44); et même le vent lui obéit. Pour toutes ces choses, il méritait bien le titre d'Admirable.

3:) En Juge 13:18, nous avons ici une épiphanie de Jésus. Le mot<<épiphanie>> est dérivé du grec<<epiphaneia>> qui signifie<<apparition>>. C'est ce qui prouve que dans l'Ancien Testament, Jésus savait faire des visitations sur la terre, sous forme de <<l'Ange de

l'Eternel>>. C'est ce qui laisse comprendre que, dans l'Ancien Testament, à chaque fois que vous rencontrez l'expression<<l'Ange de l'Eternel>>, dans la grande majorité des cas, il s'agit d'une épiphanie christique. En fait, dans le cas de Juges 13:18, il s'agit de la naissance de Samson. L'Ange de l'Eternel apparut à la femme de Manoach qui était stérile, pour lui annoncer qu'elle deviendra enceinte, et qu'elle enfantera un fils. L'Ange lui dit aussi que le rasoir ne passera pas sur sa tête, parce que l'enfant sera consacré à l'Eternel dès le ventre de sa mère. D'après la nouvelle apportée par l'Ange, l'enfant qui naîtra commencera à délivrer Israel de la main des Philistins: Juges 13:5. Lisez tout le chapitre pour plus d'informations. Là où je voudrais attirer votre attention, c'est au verset 18. Après avoir reçu la visitation, et après avoir entendu cette bonne nouvelle de l'Ange de l'Eternel, Manoach lui demanda de lui dire son nom. L'Ange lui répondit: Pourquoi demandes-tu mon nom? Il est merveilleux. Donc c'est sous ce titre-là que l'Ange s'identifia à Manoach. Dans cette épiphanie, d'après vous, qui était l'Ange qui apparut à Manoach? Je vous laisse le soin de trouver vous-même la réponse. Entre temps, Jésus continuait à émerveiller le monde, tantôt par sa façon de mener une vie sans péché dans ce monde, tantôt par sa façon d'opérer les miracles et les prodiges, tantôt par sa façon de parler. Lisez une autre réplique que donnait Jésus, aux pharisiens qui voulaient avoir une altercation avec lui, au sujet d'Abraham: <<Avant qu'Abraham fût, je suis.>> Seul un Dieu éternel peut s'exprimer ainsi. Jésus, le Dieu Véritable qui domine le temps et l'éternité, est tellement sûr de sa pré-existence, que pour montrer aux pharisiens sa seigneurie, a placé Abraham dans un passé révolu (fût), tandisque lui, il s'est inscrit dans le cadre d'un éternel présent: Je suis. Là encore, nous avons un Christ qui défia même les règles et les principes de grammaires. Jamais personne n'a parlé comme lui. Il était Admirable.

4:) Jésus est encore Admirable à tous les points de vue. Et même ceux qui, aujourd'hui, font semblant de ne pas l'aimer, ont une grande admiration et un respect à peine voilés pour le modèle infaillible, jamais égalé qu'il a été, qu'il est, et qu'il sera encore, et cela, jusqu'à la consommation des siècles. Car il a non seulement émerveillé les hommes de son temps par sa rectitude morale, digne et irréprochable dans sa divinité et son humanité, par ses miracles, par sa sagesse et son intelligence, Jésus continue à faire encore et toujours, l'admiration de tous les grands de ce monde, et de tous ceux qui se réclament de lui ou non. A telle enseigne que, les pensées même de Jésus deviennent la pierre centrale de toutes les civilisations humaines. En effet, si vous dirigez bien vos recherches, dans quelque domaine que ce soit, vous allez découvrir que dans toutes les littératures du monde, si vous y prêtez bien attention, vous allez certainement remarquer les traces d'une morale chrétienne. En outre, Pour montrer leur admiration à Christ, même les chronologistes ont placé son nom au centre de l'histoire, afin de marquer le temps, et de différencier les époques. Pour prendre deux simples exemples: On dit que l'écrivain Flavius Josephe vécut de l'an (37 à100 apr. J. C.); on dit aussi que le philosophe macédonien, Aristote, vécut de (384 à 322) av. J. C. Qu'on le veuille ou non, cela représente tout un tribut de respect et d'une forme d'admiration à la personne de Jésus. Et non seulement Jésus était Dieu, qui a pris la forme humaine, mais il avait également les attributs du Père, ayant tout reçu de lui. Voyez comment l'apôtre Jean l'a expliqué en ces termes: Car Dieu aime le Fils, et il lui montrera tout ce qu'il fait; il lui montrera des oeuvres plus grandes que celles-ci, afin que vous soyez dans l'étonnement:

Jean 5:20. L'admirabilité de l'Enfant Jésus était liée aussi à son esprit de conseil.

b) <u>On l'appellera Conseiller</u>

L'Enfant décrit par le prophète Esaïe, le Représentant direct du royaume des cieux, l'Agneau immolé avant la fondation du monde, était venu pour conseiller les hommes à abandonner le chemin de l'enfer et à prendre celui du paradis, en leur disant: Produisez donc des fruits dignes de la repentance; et ne vous mettez pas à dire en vous-mêmes; nous avons Abraham pour père, car je vous déclare que de ces pierres, Dieu peut susciter des enfants à Abraham: Luc 3:5; Matthieu 7:13: Entrez par la porte étroite. Car large est la porte, spacieux est le chemin qui mène à la perdition, et il y en a beaucoup qui entrent par là: Matthieu 7:13; Matthieu 5:29:

> Si ton oeil droit est pour toi une occasion de chute, arrache-le, et jette-le loin de toi; car il est avantageux pour toi qu'un seul de tes membres périsse, et que ton corps entier ne soit pas jeté dans la géhenne.
>
> Matthieu 5:40-42

Si quelqu'un veut plaider contre toi, et prendre ta tunique, laisse-lui encore ton manteau. Si quelqu'un te force à faire un mille, fais-en deux avec lui. Donne à celui qui te demande, et ne détourne pas de celui qui veut emprunter de toi.

Matthieu 6:19-20

Ne vous amassez pas des trésors sur la terre, où la teigne et la rouille détruisent, et où les voleurs percent et dérobent. Mais amassez-vous des trésors dans le ciel où la teigne et la rouille ne détruisent point, et où les voleurs ne percent ni ne dérobent.

Matthieu 25:23-24

Si donc tu présentes ton offrande à l'autel, et que tu te souviennes que ton frère a quelque chose contre toi, laisse ton offrande devant l'autel, et va d'abord te réconcilier avec ton frère; puis, viens présenter ton offrande.

*   *   *   *

S'il fallait citer dans la Bible, tous les conseils salvateurs que Christ avait donnés aux hommes, pour les aider à vivre en harmonie avec Dieu, avec eux-mêmes et avec les autres, la liste serait tellement longue que je n'en finirais pas. Mais, chaque fois que vous lisez la Bible et que vous rencontrez les pensées de Jésus, rappellez-vous-en: L'Evangile que Jésus était venu prêcher dans le monde, n'a pas visé seulement une partie de l'homme, mais la totalité de l'homme. Voilà pourquoi Jésus a tous les aspects de la vie de l'homme, ce qui n'a en rien mis en doute son humanité et sa divinité.

c) On l'appellera Dieu puissant

Dans l'accomplissement de sa mission messianique sur la terre, rien n'avait changé le caractère divin de Christ. Car depuis l'éternité de l'éternité, il était Dieu, même quand il était dans la crèche, il était Dieu, et il le demeurera éternellement. Donc le Fils, ayant reflété l'image du Père, était investi de toute autorité, de toute puissance, pour mener à bien son plan rédempteur, jusqu'au bout de son ministère. D'ailleurs, la naissance de Christ n'était pas un accident de l'histoire; c'était quelque chose de bien planifié, avant même la fondation du monde. Pour ce qui est de la divinité de l'Enfant et de la puissance qui l'accompagnaient, la Bible l'explique fort bien. En effet, dès le ventre de Marie, sa mère, le Saint Enfant était déjà investi de la puissance du Très-Haut: Luc 1:35: L'ange lui répondit: Le Saint-Esprit viendra sur toi, et la puissance du Très-Haut te couvrira de son ombre.

C'est pourquoi le Saint Enfant qui naîtra de toi sera appelé Fils de Dieu. Dans l'accomplissement de son Ministère sur la terre, Jésus allait de victoire en victoire, car pour lui, la mort n'était pas une défaite, et pour tous ceux qui croient en lui, elle ne l'est et elle ne le sera jamais. En cela, la Bible donne la preuve évidente de la véracité de cette déclaration. Car les chaines de l'enfer ne pouvaient retenir le Christ dans le tombeau; le troisième jour, il est ressuscité, il est vivant au siècle des siècles! Après sa victoire sur la mort, investi toujours de sa puissance et de son autorité, Jésus se rendit en Galilée pour être vu de tous, pendant quarante jours, comme preuve certaine de sa résurrection: Luc 4:14: Jésus, revêtu de la puissance de l'Esprit, retourna en Galilée, et sa renommée se répandit dans tout le pays d'alentour. Cela se passait ainsi, non selon le hasard des choses, ni au gré des circonstances, mais d'après le plan pré-établi de Dieu, depuis l'éternité de l'éternité. Autant comprendre que, avant de quitter le trône de son Père pour venir sur la terre, Jésus était déjà revêtu de sa puissance. Déposé par le Saint-Esprit dans les entrailles de sa mère sous forme de semence de la parole faite chair, Jésus était revêtu déjà de son autorité et de sa puissance divines; à sa naissance, Jésus était revêtu déjà de puissance divine; dans son enfance, dans son adolescence, dans sa vie d'adulte, Jésus était revêtu déjà de sa puissance. C'est ce qui a fait que sa sagesse et son intelligence avaient étonné dans le temple, à Jérusalem, les grands docteurs de la loi, alors qu'il était âgé de seulement douze ans. Quand il commença son Ministère terrestre, âgé de trente ans environ, Jésus était déjà revêtu de sa puissance divine; pendant tout son Ministère, de Capernaum à toutes les contrées d'alentour, Jésus était déjà revêtu de sa puissance divine; lors de sa trahison par Judas, livré à ses bourreaux, par les hommes religieux de son temps, pour être traité comme un vulgaire bandit, Jésus était déjà revêtu de sa puissance divine; mis à mort par les soldats romains, abandonné par les siens, visage ensanglanté, avec une couronne d'épines sur la tête, Jésus était toujours revêtu de sa puissance divine; attaché sur le bois infâme de la croix pour être l'objet de la raillerie de ceux qui le prirent pour un imposteur, Jésus était toujours revêtu de son autorité et de sa puissance divines; dans sa mort sur la croix, dans sa mise au tombeau, dans sa descente aux enfers, au cours de son Ministère à transférer les âmes des saints, du Sein d'Abraham au paradis, Jésus était toujours revêtu de sa puissance divine; quand il saisit les clés de la mort et du Séjour des morts, en criant: O mort, où est ta victoire? O mort, Où est ton aiguillon . . . ? Jésus était revêtu toujours de son autorité et de sa puissance divines; dans sa résurrection, comme les Prémices de ceux qui sont morts, dans sa montée au ciel, Jésus était déjà revêtu de sa puissance divine; et quand il reviendra sur les nuées, à la rencontre de son Eglise triomphante, au dernier jour, Jésus sera encore revêtu de sa puissance et de sa gloire. Moi et le père nous sommes un: Jean 10:30. Voilà une équation bibliquement vérifiable qui confirme l'égalité du Fils avec le père.

d) <u>On l'appellera Père éternel</u>

Nul ne peut oser mettre en doute la divinité et l'éternité de Jésus, sans avoir péché contre la Bible qui l'explique si bien déjà qu'on n'a même pas besoin d'être un théologien attitré pour le comprendre. Jean 5:20: Nous savons aussi que le Fils est venu et qu'il nous a donné l'intelligence pour connaitre le Véritable; et nous sommes dans le Véritable en son Fils Jésus-Christ. C'est lui qui est le Dieu véritable et la vie éternelle. Pour affirmer son éternité face aux pharisiens qui voulaient avoir mailles à partir avec lui au sujet d'Abraham, Jésus déclara: Jean 8:58: Avant qu'Abraham fût, je suis. Permettez-moi d'attirer encore une fois, votre attention sur le fond et la forme de la déclaration de Jésus. Prenons le fond d'abord. Quand Jésus fit cette déclaration sous forme de réplique aux pharisiens, on était en l'an 33 environ, de notre ère. Jésus était encore un jeune homme, à fleur de l'âge. Or, Abraham aura vécu dix-neuf siècles (19 siècles à peu près) avant Jésus. Dans ce cas-là, la réplique de Jésus aux pharisiens, était-elle une simple déclaration farfelue ou une parole de vérité?Déclaration farfelue, Non! Parole de vérité, oui!Car Jésus-Christ parlait de son éternité. Voyons maintenant ce que dit la Bible à ce sujet. Ephésiens 1:4: En lui (Jésus-Christ), Dieu nous a élus avant la fondation du monde pour que nous soyons, irréprochables devant lui. Soyons sérieux. Si nous croyons en la Bible et avons du respect pour la parole de Dieu, nous sommes obligés de croire que si Jésus était là avant la fondation du monde, sa réplique aux pharisiens: <<Avant qu'Abraham fût, je suis>>, n'était ni une déclaration extravagante ni une pensée prétentieuse. Et lorsqu'on juge la déclaration de Jésus sur la forme, en suite, là encore, il avait raison. Et même sur le plan grammatical, la phrase de Jésus est correcte. Car en disant: <<Avant qu'Abraham fût, je suis>>, Christ a placé Abraham dans le cadre d'un passé révolu, tandisque lui, il s'est inscrit dans le cadre d'un éternel présent. Je l'ai déjà expliqué, mais pour mémoire, je suis obligé de le réitérer. Pour toutes ces raisons donc, Jésus avait bien mérité le titre de Père éternel. La mission du Fils était bien définie avant même la fondation du monde. Car Dieu savait déjà que l'homme allait désobéir à ses lois et que sa relation avec le monde allait être aussi brouillée. Ainsi donc, Dieu avait fait préalablement Christ Ambassadeur.

e) <u>On l'appellera Prince de la paix</u>

Dans le Ministère de Jésus sur la terre, il jouait non seulement le rôle de Sauveur du monde, mais il jouait aussi et surtout le rôle d'Ambassadeur Plénipotentiaire du royaume des cieux auprès des hommes. Un ambassadeur est celui qui joue le rôle de réconciliateur entre deux parties adverses; il est là pour servir de trait d'union, en créant un climat de paix et de cohésion entre ceux qui sont divisés; un ambassadeur est quelqu'un qui est prêt à jeter un manteau de paix, un manteau de silence harmonieux dans une situation de trouble. C'est le cas de le dire; après le péché de l'homme en Eden, notre relation avec Dieu était troublée; le royaume des cieux avait coupé sa relation diplomatique avec celui de la terre. D'où l'importance d'un ambassadeur plénipotentiaire était plus que nécessaire. Dans cette circonstance de trouble, d'incohésion, personne n'était capable d'apaiser le courroux de Dieu, pas même un ange. Seul le Fils en était qualifié pour rétablir cette relation diplomatique entre le royaume des cieux et celui du monde; seul le Fils en avait le charisme, le prestige et la dignité de jeter ce manteau de paix entre Dieu et les hommes: 1 Timothée 2:5: Car il y a un seul Dieu, et aussi un seul médiateur entre Dieu et les hommes, Jésus-Chrit homme. Dans son rôle de médiateur, Christ était venu pour que nous ayons <u>la paix avec Dieu</u>: Romains 5:1:

Etant donc justifiés, nous avons la paix avec Dieu, par notre Seigneur Jésus-Christ; il était venu pour que nous ayons <u>la paix de Dieu</u>: Jean 14: 27: Je vous laisse la paix, je vous donne ma paix, je ne vous donne pas comme le monde donne. Que votre coeur ne se trouble point et ne s'alarme point; il était venu pour que nous ayons <u>la paix avec nous-mêmes</u>, et <u>la paix avec les autres</u>: Romains 12:18: S'il est possible, autant que cela dépend de vous, soyez en paix avec tous les hommes.

=CHAPITRE DEUXIÈME=

II: Le Ministère <u>sur terre</u> de Christ

Avant l'inauguration du Ministère <u>sur terre</u> de Christ, il a voulu que le Père lui-même donnât un témoignage optimal et authentique de son Fils afin que les hommes de son époque en général, et les Juifs en particulier comprîssent qu'il était l'Envoyé de Dieu dans le cadre de l'accomplissement de sa mission salvatrice. C'est pourquoi Jésus a fait cette déclaration en Jean 5:30-32, disant: Je ne puis rien faire de moi-même d'après ce que j'entends, je juge; et mon jugement est juste, parce que je ne cherche pas ma volonté, mais la volonté de celui qui m'a envoyé. Si c'est moi qui rends témoignage de moi-même, mon témoignage n'est pas vrai. Il y en a un autre qui rend témoignage de moi, et je sais que le témoignage qu'il rend de moi est vrai. En Matthieu 3:17, Dieu confirme la déclaration de son Fils, par l'authenticité de son témoignage:

Et voici une voix fit entendre des cieux ces paroles: Celui-ci est mon Fils bien-aimé en qui j'ai mis toute mon affection. C'était comme une sorte de discours inaugural bien spécial, en une occasion bien spéciale du Père qui témoignait solennellement de Christ, son Fils, lors de son baptême dans les eaux du jourdain. Christ connaissait très bien le sens et le poids de la responsabilité qui allait être reposée sur son épaule en tant que Fils de Dieu. C'est pourquoi, sitôt après son baptême dans le jourdain, avant d'antamer son Ministère sur terre, Christ avait entrepris quarante jours et quarante nuits de jeûne: Matthieu 4:2. Tenant compte de la lourde et la noble responsabilité qu'il allait prendre sur lui, Jésus a eu raison de faire le plein d'énergie spirituelle afin d'avoir assez de force d'accomplir sa mission terrestre. C'est un très bon exemple à suivre par ceux-là que le Seigneur appelle à exercer pour lui, un ministère quelconque dans le monde évangélique. La première chose à la quelle il faut penser, c'est d'entreprendre des prières incessantes de la foi. Car à chaque ministère qu'on va commencer pour Dieu, le diable aura déjà préparé son plan d'attaque. Quand il s'agit des affaires de Dieu, le diable ne donne jamais de délai. La preuve en est bien grande, le jour même où Jésus allait inaugurer son Ministère sur terre, Satan passait à l'attaque. Mais ce qu'il faut comprendre, c'est que le diable n'attaque pas n'importe comment, il cherche toujours une occasion bien déterminée pour le faire. S'il ne trouve pas une occasion déterminée, Satan lui-même va en créer une. Dans le cas de Jésus, le diable avait trouvé une occasion toute faite: Matthieu 4:2-4. La voici: <u>Après avoir jeûné quarante jours, quarante nuits, Jésus eut faim</u>. Le tentateur, s'étant approché, lui dit: Si tu es le fils de Dieu ordonne que ces pierres deviennent des pains. Jésus lui répondit: Il est écrit: l'homme ne vivra pas de pain seulement, mais de toute parole qui sort de la bouche de Dieu. Le texte nous dit qu'après avoir jeûné quarante jours et quarante nuits, Jésus eut faim. Il y a deux événements importants dont il faut tenir compte ici, s'agissant du Ministère <u>sur terre</u> de Christ: Premièrement): Avant l'inauguration du Ministère <u>sur terre</u> de Christ, il entreprit <u>quarante jours et quarante nuits de jeûne</u>.

Deuxièmement): Sitôt après les quarante jours et quarante nuits de jeûne écoulés, Jésus fit face à trois grandes tentations dont l'objectif était de faire échouer son Ministère. D'aucuns diraient que le diable essayait de tuer le poussin dans l'oeuf. Il est important de remarquer et de souligner aussi que la première grande attaque que le diable lança, fut au sujet du <<<u>manger</u>.>> Le diable dit à Jésus: Si tu es le Fils de Dieu, ordonne que ces pierres deviennent des pains: Matthieu 4:3 . . . L'homme ne vit pas de pain seulement, lui dit Jésus:

Matthieu 4:4. Par sa façon de répliquer à Satan, par les Saintes Ecritures, Jésus laisse voir clairement à tous ceux-là qui exercent la foi en Dieu, et qui sont en guerre contre les forces des ténèbres, qu'il est indispensable de connaitre la parole de Dieu par coeur, car elle peut être employée, à la fois comme arme offensive et défensive. Je vous exhorte donc, mes bien-aimés, dans le Seigneur, à prendre cela très au sérieux, et autant que cela dépend de vous, apprenez la Bible par coeur, ou du moins, essayez d'en mémoriser un certain nombre de passages, pour résister au temps convenable, contre l'adversaire qui, s'il vous attaque pour un temps, et n'arrive pas à vous vaincre en premier essai, ne manquera pas d'employer même la parole pour gagner son pari. Connaissant la stratégie du diable qui pouvait essayer d'employer maladroitement la parole contre lui, c'est exactement ce que fit Jésus, employant aussi la parole pour répondre à son tentateur, par cette réplique, en disant: <<L'homme ne vit pas de pains seulement . . .>>. En répondant ainsi à Satan, Jésus n'a fait que reprendre les paroles du Deutéronome 8:3b qui dit: afin de t'apprendre que l'homme ne vit pas de pain seulement, mais que l'homme vit de tout ce qui sort de la bouche de l'Eternel.

Avant de clore cette partie, pour en arriver à d'autres, je m'en voudrais de ne pas faire les six remarques que voici:

Première remarque

En citant ce passage de l'Ancien Testament, c'est comme un hommage que Christ avait rendu aux écrits de Moïse; façon de montrer l'authenticité des paroles que Dieu avait données à son secrétaire Moïse. Je lui parle bouche à bouche, je me révèle à lui sans énigmes, et il voit une représentation de l'Eternel . . . (Nombre 12:8)

Deuxième remarque

Ce n'est pas par hasard que le diable tentait Jésus dans le domaine du manger. La raison est tout simplement le fait que le premier homme Adam, a péché dans le domaine du manger; il a péché, pour avoir mangé du fruit défendu. Ainsi donc, Satan n'a jamais oublié cet événement qui a coûté gros à l'humanité, ce qui lui a permis aussi de surplanter l'homme Adam et de lui arracher le droit de domination que Dieu lui avait confié en Genèse 1:28. En qualité de second Adam, Celui qui était venu pour relever le défi du premier, voilà pourquoi Satan essaya d'entrainer Jésus dans cette sorte de piège. Et si vous méditez bien sur les trois phases de tentations de Satan, il avait attaqué Jésus dans les trois dimensions de son existence. En effet, le diable attaquait Jésus dans son corps d'abord, lui demandant de transformer des pierres en pains;

en lui demandant de se jeter en bas, là, le diable attaquait Jéssus dans son âme. C'est pourquoi Satan employait la phrase<<Si tu es le fils de Dieu>>. En disant cela cela, Satan essayait de jouer sur les émotions de Christ pour le porter à agir. Et finalement, en demandant à Christ de se prosterner devant lui pour l'adorer, le diable attaquait Jésus dans son esprit. Car l'adoration qu'on donne au Dieu suprême ou à un être quelconque est toujours un élan de l'esprit. Car dans l'adoration, c'est toujours en esprit que l'homme essaie de se connecter à son Dieu. C'est pourquoi Christ disait à la femme samaritaine: <<Dieu est est Esprit, il faut que ceux qui l'adorent, l'adorent en esprit et en vérité.>> Jean 4:24. Ce que je viens de vous expliquer ici, je crois l'avoir mentionné déjà, mais, je le répète pour mémoire. C'est ainsi que le diable a essayé de noyer le Christ dans ses trois différentes vagues de tentations. Mais heureusement que le Second Adam n'étasit pas un n'importe qui, résistant victorieusement à la ruse de Satan. A remarquer que, dans les deux premières phases de tentations, le diable utilisait toujours la même expression: <<Si tu es le fils de Dieu>>, mais s'agissant de la troisième, il passa par un autre chemin, employant un autre tactique. Permettez-moi d'ouvrir une parenthèse, pour affirmer une chose que je crois très importante. C'est vrai qu'en deux occasions le diable employait la phrase: <<Si tu es le Fils de

Dieu . . .>> pour inciter Jésus à agir sous le coup de l'émotion. Mais le diable a mal joué son numéro. Car Jésus n'était obligé de montrer qu'il est le Fils de Dieu puisqu'il se connaissait déjà comme tel à cause du témoignage que Dieu a rendu de lui. Et même après sa mort, sa résurrection et son ascension, les Saintes Ecritures continuent à rendre témoignage de Jésus-Christ comme étant le Fils de Dieu. En effet, en 91 fois différentes, la Bible mentionne le nom de Jésus comme le Fils de Dieu. Pour ce qui est des attaques de Satan, c'était tout simplement une stratégie employée par l'adversaire de Dieu pour empêcher l'accomplissement du sacrifice de la croix. Mais le diable semblait avoir ignoré qu'il n'avait pas affaire à un homme, mais à un Dieu. Compte tenu du fait qu'à chaque attaque, Jésus répondit par la parole, Satan, lui aussi, utilisa la parole, pour essayer de confondre Jésus. Ainsi lisons-nous les paroles suivantes que le diable adressa à Jésus: Si tu es le Fils de Dieu, jette-toi en bas; car il est écrit: il donnera des ordres à ses anges, à ton sujet; et il te porteront sur les mains, de peur que ton pied ne se heurte contre une pierre: Matthieu 4:6.

Ici, dans la dernière phase de sa tentation, le diable utilisait le psaume 91:11-12 qui dit: Car il ordonnera à ses anges de te garder dans toutes voies; ils te porteront sur les mains de peur que ton pied ne se heurte contre une pierre. Cela nous laisse voir que Satan connait la Bible aussi; et non seulement le diable lit la parole mais, il la mémorise aussi, pour nous entrainer dans la totale confusion, quand nous n'y prenons pas garde. Le temps pour moi de vous donner un conseil très utile, à vous chrétiens qui exercez un ministère pour Dieu dans le monde évangélique. Lorsque vous avez une mission à accomplir pour le Seigneur, il faut faire ce que le Saint-Esprit vous demande de faire, en obéissant seul à la volonté de Dieu. Gardez-vous d'obéir à une voix qui n'est pas celle de Dieu, afin de ne pas vous laisser entrainer dans les pièges du diable. N'agissez jamais sous le coup de l'émotion, comme pour montrer, dans le sens de show-off que vous avez une certaine puissance qui vous donne droit de faire des exhibitions en présence de plusieurs, rien que pour plaire. Et même lorsque vous allez en tournées missionnaires ou lorsque vous présentez l'évangile à quelqu'un, il faut être sûr de ce que vous allez lui dire. Car non seulement le diable peut vous induire en erreur, mais la personne même à qui vous prêchez la Bonne Nouvelle, n'est pas complètement ignorante de ce que vous lui dites, car elle connait déjà une part de la vérité que vous lui prêchez. Et ne l'oubliez jamais. Ce que je me propose de vous dire est tellement important, pour ne pas y manquer, je vous conseille de le souligner ou de l'apprendre par coeur: Le voici: Il ne faut jamais oublier que la conversion d'une personne se fait sur trois niveaux différents: Premièrement: <u>Au niveau cognitif</u>; Deuxièmement: <u>Au niveau volitif</u>; Troisièmement: <u>Au niveau affectif</u>.

Explications

1: <u>Au niveau cognitif</u>: Il ne faut jamais oublier que l'évangile est une parole à communiquer sous forme de Bonne Nouvelle.

Donc s'il s'agit d'une Nouvelle à communiquer, il s'agit aussi d'une connaissance à transmettre à autrui. D'où la nécessité d'être bien imbu de cette connaissance que vous allez transmettre à d'autres. Vous n'avez même pas besoin d'essayer de convaincre personne, c'est le travail du Saint-Esprit. Tout ce que vous avez à faire, c'est de communiquer la parole, pas avec la demi conviction mais avec la pleine certitude. Bien plus, lorsque vous présentez l'évangile à quelqu'un, il faut éviter de vous laisser entrainer à faire usage de votre propre philosophie pour tenter de convaincre. Voilà ce que je veux dire par là: lorsque vous présentez l'évangile à une personne, même si vous êtes une sommité intellectuelle dans tous les genres littéraires, faites comme si vous ignorez tout; utilisez seulement la parole de Dieu pour expliquer la parole de Dieu.

2: <u>Au niveau volitif:</u>

A ce niveau, lorsque vous présentez l'évangile à quelqu'un, vous vous adressez en même temps à sa raison et à sa volonté. C'est comme si vous aviez en face deux géants à abattre, avant d'arriver à frayer un chemin pour toucher le coeur de la personne. Si vous arrivez à gagner cette deuxième bataille, vous êtes à deux doigts de la victoire. Par dessus tout, lorsque vous présentez l'évangile à une personne, quoi qu'il en soit, vos arguments doivent être plus forts, plus convaincants que les siens, sur le plan spirituel. A supposer que vous présentez le Christ à quelqu'un, à un païen qui vous dit: C'est vrai que je ne suis pas quelqu'un qui sert le Christ comme vous le faites, mais je ne reste pas sans religion, car à chacun son dieu, et puis cela me suffit. Vous adorez votre Dieu, moi, le mien. Voilà ce que vous pouvez avancer comme arguments: Oui, vous vous défendez bien. Mais, votre vérité ne tient pas debout. Car, pour qu'un dieu soit digne d'adoration, il doit remplir, au moins, les trois conditions suivantes:

1: il faut que, lorsque j'adore ce dieu, je sois en mesure de le prier de m'avoir créé.

2: il faut que, lorsque j'adore ce dieu, je sois en mesure de le remercier de m'avoir donné la vie

3: il faut que, lorsque j'adore ce dieu, je sois en mesure de lui dire merci d'avoir conservé la vie en moi; et il faut que je sois en mesure aussi de remercier ce dieu de m'avoir sauvé du péché lorsque j'étais perdu. C'est ce que Paul appelle un culte raisonnable. Car, en adorant ce dieu, non seulement ma raison peut rendre un témoignage favorable ou défavorable à ma conscience, pour cet acte que je pose devant cet objet, mon esprit et mon intelligence peuvent bien m'interdire de me prosterner, en disant attention!: le Dieu qui vous a créé, qui vous a donné la vie et qui a conservé la vie en vous, c'est celui-là seul qui mérite votre adoration!Après avoir dévéloppé ces trois arguments, maintenant, demandez à la personne avec qui vous êtes en entretien: Est-ce que votre dieu remplit ces trois conditions?

Après avoir entendu ces trois vérités, la personne ne saura que répondre. Maintenant, vous n'avez même pas besoin d'essayer de la convaincre davantage. Au point où elle est maintenant, elle est comme une mangue mûre qui attend seulement son heure; tôt ou tard, elle va finir par tomber de son propre poids, c'est-à-dire à se décider pour Christ.

3: <u>Au niveau affectif</u>:

A ce niveau, il ne vous reste pas grand chose à dire. Car les deux géants auxquels vous avez livré bataille, c'est-à-dire, la volonté et la raison de la personne, auront été déjà vaincus par vos trois arguments. Au niveau affectif, grâce à la vérité profonde que la personne aura entendue, elle commencera par être motivée, soit pour accepter ou non.

Ne l'oubliez pas, tous vos arguments doivent être en rapport avec la Bible. D'où la nécessité pour vous de connaitre la parole de Dieu par coeur. Car c'est la parole de Dieu qui doit expliquer la parole de Dieu. En effet, on n'a qu'à prendre Christ en exemple; et même le diable a toujours un grand intérêt à connaitre la parole de Dieu, même si c'est pour tromper les élus de Dieu, qui ne connaissent pas assez les ruses de l'ennemi qui veut vaincre à n'importe quel prix. Croire ou ne pas croire; accepter ou ne pas l'accepter comme vérité, ce qui est sûr, c'est que le diable connait par coeur un certain nombre de passages bibliques.

D'ailleurs, il n'est mentionné nulle part dans le texte de Matthieu 4, que le diable avait en main un carnet de notes, pour regarder et lire les passages, tandis qu'il essayait de prendre Jésus au piège; non!il les connaissait déjà par coeur. Et, là encore, Jésus nous donne un autre exemple, de quoi nous éclairer, car il répondit exactement à la parole, par la parole, en disant: il est aussi écrit: tu ne tenteras point le Seigneur ton Dieu: Matthieu 4:7.

Troisième remarque

Dans cette dernière phase des tentations, Jésus laissait comprendre à Satan que non seulement qu'il est soumis à son jugement et à son autorité en tant que créature déchue, mais que c'était une perte de temps pour lui, que d'essayer de passer par des paroles employées hors de contexte pour le séduire, par sa récitation maladroite. Et dans cette dernière réplique, c'est comme si Jésus voulait dire à Satan que toi, tu connais d'une manière vague, d'une manière superficielle ce que tu viens de réciter, tandisque moi, en tant que Dieu, je suis en même temps la Parole et le maitre de la parole.

Quatrième remarque

A Dieu ne plaise! si Jésus avait accepté d'entrer en compromis avec Satan, en se jettant en bas, il aurait non seulement péché contre la volonté de son Père, mais il aurait commis un suicide volontaire, où le diable aurait été son tombeur.

Cinquième remarque

Si Jésus, le second Adam avait accepté de se jeter en bas, il aurait obéi à la volonté de Satan, mais, non à celle de son père. Car Dieu n'a pas envoyé son fils dans le monde pour faire des exibitions, en montrant sa puissance au diable. Et, si Jésus avait accepté de céder à la deuxième phase de la tentation, en se jettant en bas, il aurait agi sous le coup de l'émotion, car ce serait par orgueil qu'il aurait montré au diable, sa capacité de relever le défi. En réalité, l'objectif de Satan ici, dans ses trois phases de tentations, était de vaincre Jésus dans ses trois dimensions. Car, force nous est de constater que les démarches de l'adversaire de Dieu n'étaient pas simples; elles étaient bien calculées, comme dans une suite linéaire. Pour preuves, dans cette deuxième phase de tentation, comme vous pouvez vous en rendre compte, ici, Satan attaqua Jésus dans son âme, en lui demandant de se jeter en bas. A Dieu ne plaise! Si Jésus s'était laissé entrainer aussi facilement dans le piège du diable, se jettant en bas, il aurait certainement commis un suicide volontaire, dans un saut périlleux qui aurait remplacé la mort de la croix voulue de son père. Il est vrai que personne ne connait le plan de Dieu, pour dire ce qui serait arrivé à Jésus, en obéissant au diable plutôt qu'au père, mais il y a fort à parier que, les anges ne l'aurait pas porté sur les mains ni ne lui auraient protégé les pieds contre une pierre, sur les conseils de l'ennemi. Car Dieu n'avait pas destiné son fils à mourir dans un saut périlleux, mais il l'avait envoyé à accepter la mort de la croix. Si le diable avait gagné le pari, d'entrainer Jéaus-Christ à cette sorte de mort, Dieu n'aurait pas trouvé de Sauveur pour l'humanité, puisque Jésus est le Fils unique du père; il n'en existe pas d'autre. Et, c'est ce que le diable avait comme objectif; c'était d'arriver à déposséder Dieu de son Fils unique. Si le diable avait réussi ce coup, pour toutes ces raisons, les hommes seraient perdus à jamais, sans espérance de retrouver le paradis perdu en Adam; et nous serions tous condamnés à subir le même sort que Satan, les démons et les anges déchus.

Sixième remarque

Dans la troisième phase des tentations, le diable avait demandé à Jésus de faire deux choses seulement pour obtenir de lui le royaume du monde. Mais il avait demandé deux choses à la limite de l'impossible:

Premièrement: La prosternation

Deuxièmement: l'adoration

Il est vrai que Jésus avait résisté victorieusement aux deux premières tentations. Mais, s'il avait accepté de succomber dans la dernière phase, c'est comme s'il avait obéi une fois pour toutes à Satan. Car, en se prosternant et adorant le diable, Jésus, en tant que Dieu, serait entré en contradiction avec lui-même, en péchant contre ses propres paroles. Car Dieu dit en Esaïe 42:8: Je suis l'Eternel, c'est là mon nom. Je ne donnerai pas ma gloire à un autre ni mon honneur aux idôles. C'est ce qui m'a fait dire que les exigences de la troisième tentation étaient extrêmement incidieuses par rapport aux deux premières. En acceptant de se prosterner et d'adorer le diable, Jésus serait obligé de nier et de renoncer volontairement à sa divinité. En renonçant à sa divinité, elle serait revenue à Satan dont il deviendrait alors le subalterne. Si Jésus avait obéi aux injonctions de Lucifer, en lui donnant prosternation et adoration, il se serait ipsofacto écarté du plan de Dieu, pour devenir un idolâtre authentique. Car, accepter de se prosterner et d'adorer le diable, aurait entrainé Jésus dans le culte des anges. Bref, à cause de sa déchéance dans l'idolâtrie, avec un tel Christ, au lieu d'avoir une humanité relevée de sa chute, on aurait eu de préférence un monde à l'envers; un univers complètement déséquilibré, où le Créateur lui-même serait réduit à l'adoration la plus infâme qui soit, celle de devenir l'idolâtre de ses propres créatures.

=CHAPITRE TROISIÈME=

III: De Capernaum à Galilée

Jésus commença son Ministère terrestre à Capernaum, où il établissait son quartier général, et le termina en Galilée: Matthieu 4:13. Selon la Bible, après sa résurrection, le Ministère de Christ ne dura que quarante (40) jours en Galilée: Actes 1:3. Jésus débuta son Ministère terrestre à l'âge de trente ans environ: Matthieu 4: 17; Luc 2:52 et mourut à trente-trois (33) ans, environ, après 3 ans environ de Ministère. Cela nous laisse comprendre que le Ministère sur terre de Christ aura duré trois ans et quarante jours ou 3 ans 1 mois et 10 jours.

Précisions

Il n'y a aucune différence entre le Ministère terrestre de Christ et son Ministère sur terre. Ces deux titres sont interchangeables. J'ai choisi de parler de Ministère <u>sur</u> <u>terre</u>, par association d'idées et par convenabilité de termes. Car, dans le Christianisme en général et dans le monde théologique en particulier, on a toujours ignoré les deux dernières phases du Ministère de Christ. En revanche, je crois que quelqu'un doit en tenir compte, quitte à ne pas être du goût de tous les exégètes. Et c'est ce qui fait que je suis le premier à parler de ces deux dernières phases de la mission du Sauveur du monde à savoir: Le Ministère <u>sur la croix</u> et <u>sous la terre</u> de Christ. Je sais pertinnement que cela va surprendre un grand nombre de lecteurs, d'apprendre qu'à part de son Ministère terrestre, que Christ en avait exercé aussi un sur la croix, avant de descendre au tombeau, celui que j'appelle son Ministère <u>sous la terre</u>. C'est ce que je me propose de vous expliquer avec références bibliques à l'appui, pour ne laisser l'ombre d'un doute que c'est mon point de vue que j'ai présenté sous forme de dissertation littéraire. Etant donné qu'il existe une multitude d'auteurs qui ont déjà largement dévéloppé des sujets autour du Ministère <u>sur</u> <u>terre</u> de Christ, permettez que je fasse table rase de certains détails pour arriver à l'essentiel.

IV: Le Ministère <u>sur la croix</u> de Christ

Jusqu'à preuve du contraire, on peut admettre que le Ministère <u>sur la croix</u> de Christ n'a même pas duré l'espace d'une journée, car du moment où l'on a dressé sa croix à Golgotha, jusqu'à l'heure où il a rendu son dernier souffle, le Crucifié n'a pas été suspendu pendant vingt-quatre heures. Et pourtant, au cours de ce laps de temps, Christ a eu le temps d'exercer un aussi grand Ministère <u>entre ciel et terre,</u> que cela doit retenir notre attention et attirer notre curiosité de lecteurs. A Capernaum, Jésus commença son Ministère <u>sur terre</u> en disant: <<Repentez-vous car le royaume des cieux est proche>>, tandisque son Ministère <u>sur la croix</u>, il le débuta par une simple prière, en disant: <<Père, pardonne-leur, car ils ne savent pas ce qu'ils font.>>: Luc 23:34. Dans l'accomplissement de son Ministère <u>entre ciel et terre</u>, Christ a prononcé les sept paroles de la croix, qui sont devenues des sources inépuisables de méditations, dans toutes les églises, dans toutes les chapelles et les lieux de rassemblement, surtout dans les saisons pascales. Pour mémoire et pour vous éviter des peines inutiles à localiser dans la Bible, ces sept paroles que Christ a prononcées sur la croix, j'ai préparé la liste que je vais soumettre, par ordre d'importance à votre méditation; vous les aurez avec les références bibliques qui conviennent, puis, chacune de ces paroles fera l'objet des commentaires appropriés, dans la mesure où le saint-Esprit me le permettra:

* * * *

Première Parole: Luc 23:34
Père, pardonne-leur car ils ne savent pas ce qu'ils font.

* * * *

Explications

En disant: Père, pardonne-leur car ils ne savent pas ce qu'ils font, ici, dans le cadre de son Ministère <u>sur la croix</u>, Christ jouait tout simplement le rôle de Souverain Sacrificateur. Comme tel, Christ présentait sur l'autel, le dernier sacrifice expiatoire pour le péché de tous les hommes. Voilà la raison pour laquelle Christ prononça cette première parole: Lévitique 4:20; Esaïe 53:12 . . . Quand je parle de Jésus, jouant le rôle de Souverain Sacrificateur dans la présentation du sacrifice expiatoire sur l'autel, de quel autel s'agit-il, puisque Christ-Christ n'était pas dans le temple à Jérusalem, pour exercer un tel sacerdoce? Quand je dis: <u>autel</u>, Je veux parler de la croix sur laquelle que Christ-Christ était attaché. Dans la présentation de son sacrifice expiatoire, la croix servait d'autel à Christ, puisqu'il était les deux, c'est-à-dire qu'il était à la fois le Souverain Sacrificateur et le sacrifice. En sorte que, ce type de sacrifice, celui de l'expiation que Christ présenta à son père, il ne le fit pas seulement pour ceux-là qui l'ont trahi; il ne le présenta pas seulement pour ceux-là qui l'ont livré; il ne le présenta pas seulement pour ses bourreaux; il le présenta pour le péché de tous les hommes. C'est pourquoi il est écrit en Esaïe 53:5: Mais il était blessé pour nos péchés, brisé pour nos iniquités, le châtiment qui nous donne la paix est tombé sur lui, et c'est par ses meurtrissures que nous sommes guéris.

Donc Christ commença son Ministère <u>sur terre</u> après quarante jours et quarante nuits de prières tandisqu'il débuta son Ministère <u>sur la croix</u> par la prière aussi, en présentant, en qualité de Souverain Sacrificateur, le sacrifice expiatoire, pour le pardon de nos péchés. Donc la première parole de Christ sur la croix n'éait autre que le Souverain Sacrificateur qui présenta à Dieu son père, le dernier sacrifice expiatoire pour les péchés de tous les hommes de la terre.

* * * *

Deuxième Parole: Luc 23:43
Aujourd'hui, tu seras avec moi dans le paradis.

* * * *

Explications

En disant au brigand: <<aujourd'hui tu seras avec moi dans le paradis>>, c'était pour faire référence à une promesse qui allait être faite en Apocalypse 2:7 à tous ceux-là qui étaient livrés aux persécutions à cause de leur foi en Jésus-Christ qui déclarait en disant: Que celui qui a des oreilles entende ce que l'Esprit dit aux églises: A celui qui vaincra, je donnerai à manger de l'arbre de vie qui est dans le paradis de Dieu. En donnant cette réplique au brigand qui demanda à Jésus de se souvenir de lui quand il sera dans son règne, Christ n'a pas fait cette déclaration d'une manière vague. Il savait très bien pourquoi il parlait de l'arbre de vie dans le paradis de Dieu. Dans cette déclaration, ce que je voudrais souligner à votre attention, c'est que Jésus n'a pas dit au brigand: <<aujourd'hui, tu seras avec moi dans le Sein d'Abraham; il a dit de préférence: <<aujourd'hui, tu seras avec moi dans le paradis. Pourquoi? Ici, Jésus a parlé un peu par anticipation. La réponse est claire. Christ parlait de paradis au lieu de Sein d'Abraham, c'est tout simplement parce qu'il savait déjà que lorsqu'il descendra dans le Shéol ou le Séjour des morts que toutes les âmes qui sont dans le Sein d'Abraham, allaient être transférées par lui dans le paradis. Lisez pour votre édification, Ephésiens 4:8-10: Or que signifie qu'il est monté, sinon qu'il est descendu dans les régions inférieures de

la terre? Celui qui est descendu, c'est le même qui est monté au-dessus de tous les cieux, afin de remplir toutes choses. Soulignez le verset 10, et lisez-le à plusieurs reprises, pour bien saisir ce qui est dit ici. Regardez bien: Christ fait deux actions importantes ici: Premièrement, il est descendu dans les régions inférieures de la terre. Deuxièmement, il est monté au-dessus de tous les cieux afin de remplir toutes choses. Et pour bien comprendre le verset 10, il faut retourner aussi au verset 8, où est dit: <<il a emmené avec lui des <u>captifs</u>>>, et le texte dit en suite: <<<u>pour remplir toutes choses</u>>>. Avec toutes ces informations que nous avons ici dans le passage, même si c'est trop beau pour être vrai, permettez-moi de vous dire qu'au moment même où vous lisez ce livre, toutes âmes des croyants qui moururent avant la venue de Jésus, ou avant sa descente dans le Séjour des morts, et qui étaient dans le Sein d'Abraham, maintenant, elles n'y sont plus; tous ces captifs-là ont été transférées par Christ au paradis. Par cette deuxième parole, Christ s'adressait au brigand en tant que second Adam qui, par sa victoire sur la mort, allait faire la reconquête du paradis que nous avions perdu par la désobéissance du premier. Et c'est pourquoi Jésus a dit au brigand: <<aujourd'hui, tu seras avec moi dans <u>le paradis</u>, et non <u>dans le Sein d'Abraham</u>. Est-ce que cela veut dire que le Séjour des morts est vide, au moment même où vous lisez ce livre?Certainement pas! Car il ne faut pas oublier qu'avant la venue de Jésus, le <u>Shéol</u> était déjà divisé en deux compartiments: Le <u>Séjour des morts</u> et le <u>Sein d'Abraham</u>. Le Séjour des morts était préparé pour les damnés, pour les incrédules et les impénitents, tandisque le Sein d'Abraham était préparé comme demeure provisoire pour les croyants décédés dans les bras du Seigneur. Donc tous ceux-là qui sont morts dans la rébellion contre Dieu, leurs âmes sont encore là dans le Séjour des morts, dans la misère et les gricements de dents, à la manière de l'homme riche. Il n'y a point de consolation pour eux. Mais un jour viendra, où, à la deuxième résurrection, tous ces morts-là qui sont restés dans le <u>Shéol</u>, vont vider les lieux, pour paraitre devant Dieu, pour le jugement dernier. Après leur jugement, ils ne vont pas retourner au Séjour des morts; ils iront directement dans l'étang de feu avec Satan, ses démons et ses anges déchus: Matthieu 25:41. Ce jour-là viendra quand même; qu'on le croit ou non, rien, ni personne ne pourra le contrarier. D'ailleurs, c'était pour donner aux hommes un aperçu sur cette réalité que le Christ raconta l'histoire de l'homme riche et du pauvre Lazare. Il ne s'agit pas de la science fiction, ni un conte de féé, c'est une réalité. Lisez Luc 16:19-31, pour vous en instruire davantage. Jésus n'a jamais raconté une histoire dans le vague comme cela; il le fait toujours, dans le but de nous éclairer l'esprit sur des réalités qui nous sont innaccessibles dans l'au-de-là. En sorte que, l'homme riche et le pauvre Lazare représentent dans l'histoire deux catégories de personnes différentes qui vivent deux formes de vie différente sur la terre. Il y en a une catégorie de personnes qui est représentée par l'homme riche, et il y en a une autre qui est représentée par le pauvre Lazare. La première catégorie, ce sont tous ceux-là qui méprisent la la grâce de Dieu; ceux-là qui endurcissent leur coeur pour ne pas croire à la réalité d'une vie après la mort. Pour eux, après la mort, c'est le néant. Pour cette catégorie de gens-là, l'enfer est tout simplement une invention des hommes à Bible, pour amadouer les esprits trop crédules à accepter l'inacceptable. L'homme riche était de cette catégorie-là; Il refusait de croire qu'après cette vie, il y a une autre vie. Pour lui, être dans l'abondance ici-bas, fallait pas souhaiter mieux; pour le reste, on s'enfout pas mal. En un sens, l'homme riche se montrait un vrai rationaliste, un cartésianiste avant la lettre. Et puis, un jour comme cela, la mort l'a forcé à déguerpir, et il était en face de la réalité qu'il avait toujours niée. Devant la terreur de la réalité infernale, l'homme riche voulait se repentir à n'importe quel prix, il suppliait père Abraham d' avoir pitié de lui, mais hélas! c'était déjà trop tard. Dans le monde d'aujourd'hui, des gens de la catégorie de l'homme riche, il en existe tant qu'il nous est impossible d'en déterminer le nombre. Ils côtoient chaque jour des pauvres Lazares qu'ils pouvaient aider à sortir de leur état misérable, mais ils préférent les laisser vivre dans cette condition car c'est la seule façon de montrer leur différence par rapport à ces grêve-de-faim. Pour exposer leurs richesses avec une décence ironique aux yeux des pauvres Lazares, ces riches-là n'ont aucune gêne à construire leurs châteaux à côté de leurs ajoupas. Vient en suite cette deuxième catégorie de gens qui vivent en résignés car on leur a appris qu'ils ont été créés pour être misérables. Sans chercher à connaitre qui en a décidé de leur sort, ils cherchent consolation en un Dieu dont on dit être plein de bonté et de miséricorde pour les pauvres. Dans leur humilité de coeur, sans aucune résistance ni de rationalisme, ils se donnent à Dieu, laissant les richesses de ce monde à ceux qui en ont droit. Ce sont ces gens-là qui forment la catégorie des croire-sans-voir; des obéir-sans-comprendre; ce sont des pauvres en esprit qui, lorsqu'on leur parle de Dieu, acceptent de croire en lui, sans demander la preuve de son existence. Lazare était de cette catégorie-là. Dans la vie, tel on fait son lit, on y couche. Cela veut dire tout simplement que votre futur dépend de votre présent. Pour ce qui est de cette vérité, on n'en discute pas. Car le chemin que l'on choisit de son vivant va déboucher, tôt ou tard, là où il conduit. Et à tous ceux-là qui mettent en doute la réalité des faits rapportés par Jésus au sujet de l'homme riche et du pauvre Lazare, j'affirme que c'est tellement vrai que je suis convaincu que l'histoire racontée en Luc 16:19-31, était tout simplement un coin de voile levé sur l'inaccessibilité de l'au-delà.

* * * *

Troisième Parole: Jean 19:27

Femme, voilà ton fils, puis, il dit au disciple: voilà ta mère.

* * * *

Explications

En prononçant sa troisième parole, <<Femme, voilà ton fils, puis, il dit au disciple: voilà ta mère>>, Christ était en train de faire la cession son droit d'ainesse. Quand je parle droit d'ainesse, je veux dire par là que Christ qui était l'ainé de sa famille, avait certainement reçu, avant la mort de Joseph, la responsabilité de prendre soin de toute la maisonnée, y compris sa mère. C'est ce qui explique d'ailleurs la raison que Jésus exerçait le métier de charpentier. Il avait appris le métier sur le tas de son père adoptif, Joseph qui savait déjà que Jésus allait prendre la responsabilité familiale, en exerçant en son absence, son droit d'ainesse. Et c'est exactement ce qui se passait à la mort de Joseph son père adoptif.

Avec le métier de charpentier qu'il avait appris de Joseph, Christ pouvait exercer dignement son droit d'aînesse au sein de la famille. Pour toutes ces raisons, on peut dire que Jésus n'était pas seulement un grand Leader religieux, mais il était aussi un homme responsable sur le plan familial; il l'avait démontré d'ailleurs, lors même qu'il était attaché sur une croix, entre deux brigands.

Etant attaché à la croix, sentant sa mort approcher, Jésus ne voulait pas partir sans avoir quelqu'un de sérieux à qui confier les soins de tous les membres de la famille maternelle. Par cette parole, c'est comme si le Christ, avant de mourir, fit la cession de son droit d'ainesse au disciple bien-aimé. C'est vrai que le texte n'a pas précisé le nom de ce disciple bien-aimé, mais, il y a fort à parier que c'était le disciple Jean. Alors, contrairement à ceux-là qui pratiquent le culte marial, en faisant de la mère de Jésus, une déesse, la Bible déclare en Actes 4:12: je tiens à le préciser, pour ne pas laisser croire que cette troisième parole de Jésus avait pour objectif de donner aux hommes une mère-Marie-pleine-de-grâce à idolâtrer sous aucune forme de religion.

* * * *

Quatrième Parole: Matthieu 27:46
Mon Dieu, mon Dieu, pourquoi m'as-tu abandonné?

* * * *

Explications

En pronçant sa quatrième parole sur la croix, dans l'exercice de son Ministère <u>entre ciel et terre</u>, Christ accomplit en même temps une prophétie biblique qui était faite à son sujet, dans le psaume 22:2 qui dit: <<Mon Dieu! mon Dieu! Pourquoi m'as-tu abandonné, et t'éloignes-tu sans me secourir, sans écouter mes plaintes?>> Le père n'a pas répondu à la question de son Fils Jésus, sachant que ce cri qu'il a poussé était uniquement pour faire accomplir la prophétie.

* * * *

Cinquième Parole: Jean 19:28
J'ai soif

* * * *

Explications

En prononçant sa cinquième parole sur la croix, Christ accomplit la prophétie du psaume 69:22 qui, des siécles avant la crucifixion du Messie, dit: <<Ils mettent du fiel dans ma nourriture, et pour apaiser ma soif, ils m'abreuvent du vinaigre.>> Suivez la connexion du verset 28 jusqu'au 30 pour voir comment la sixième parole est le complément de la cinquième. Car la prophétie du Ps. 69:22 est en liaison avec la cinquième et la sixième parole de Christ.

* * * *

Sixième Parole: Jean 19:30
Tout est accompli.

* * * *

Explications

<<Tout est accompli>> est non seulement le cri de victoire d'un Christ qui a conduit avec succès son Ministère jusqu'au bout, mais c'est aussi l'exclamation d'un Puissant Guerrier qui a arraché pour toujours des mains de Lucifer, l'empire du monde dont Dieu avait confié la domination à

Adam, un être humain, et non à Satan, un être spirituel. A bien réfléchir sur la profondeur de cette sixième parole, il y a lieu d'y découvrir aussi un sentiment de satisfaction de la part de Christ, d'avoir accompli jusqu'à la fin, la volonté du père qui l'a envoyé pour vaincre la postérité du serpent et retourner au ciel avec un compte-rendu dûment signé de son sang. C'est vrai que le Ministère <u>sur la croix</u> de Christ a été de courte durée, mais tenant compte de tout ce qu'il a eu le temps d'accomplir sur la croix, on peut dire que cette phase de mission était couronnée de succès. Car c'est dans cette phase de Ministère-là qu'il a sauvé le brigand qui reconnut sa culpabilité; c'est là aussi qu'il a prononcé ses sept paroles; c'est là qu'il a accompli certaines prophéties bibliques faites des milliers d'années à son sujet et c'est aussi au cours de son Ministère <u>sur la croix</u> qu'il présenta, en qualité de Souverain Sacrificateur, son dernier sacrifice expiatoire pour le pardon de l'humanité tout entière. En disant<<tout est accompli>>, c'est comme si Jésus voulait dire d'une autre manière: L'oeuvre qui m'a été confiée par mon père à accomplir est maintenant arrivée à sa phase finale; puisque J'ai été envoyé pour vaincre l'ennemi, je l'ai vaincu, en écrasant la tête de la postérité du serpent, par ma résurrection d'entre les morts; J'ai été envoyé pour être blessé au talon, comme la postérité de la femme, par la postérité du serpent, je l'ai été; Maintenant, en qualité de second Adam, c'est moi qui suis en charge de la domination du monde; ma tâche est accomplie.

<<Tout est accompli>>, car l'ère de la grâce, longtemps annoncée par les prophètes, est maintenant officiellement inaugurée; laNouvelle Alliance est approuvée par mon père, signée par mon sang précieux, et scellée par le Saint-Esprit.

<<Tout est accompli>> car maintenant, l'homme ne peut rien faire de par lui-même, pour obtenir le pardon de Dieu ni se sauver lui-même; il ne peut rien faire pour me porter à l'aimer ni plus ni moins.

<<Tout est accompli>>, est une simple phrase de 15 lettres dont 8 consonnes et 6 voyelles, qui sonne plus harmonieusement qu'un noble alexandrin d'une pièce classique de William Shakespeare ou de Victor Hugo. A bien comprendre la portée éternelle et la valeur salvatrice du Ministère <u>sur la croix</u> de Christ, on peut même dire que ses sept paroles prononcées <u>entre ciel et terre</u> n'étaient ni plus ni moins qu'un épilogue de l'oeuvre achevée du Sauveur qui allait bientôt quitter la terre pour retrouver son trône de gloire, après environ 33 ans d'absence.

*   *   *   *

Septième Parole: Luc 23:46

Père, Je remets mon esprit entre tes mains.

*   *   *   *

Explications

Jésus était, est, et, sera, jusqu'au rétablissement de son règne éternel, un Intercesseur de toujours auprès du père. Il y a de quoi nous réjouir puisque nous servons un Dieu qui connait l'importance de la prière si bien que jusqu'à présent il intercède pour nous auprès du père. Et non seulement Christ intercède pour nous auprès du père, mais il veut que chaque croyant soit connecté avec le père en restant journalièrement sur ses genoux. Car, la prière incessante d'un serviteur ou d'une servante du Seigneur est plus puissante qu'une bombe atomique, plus efficace qu'un missile intercontinental. Elle a le pouvoir de transformer les démons et les anges déchus en véritables clochards sans domiciles fixes. C'est pourquoi Jésus lui-même commença son Ministère <u>sur terre</u> par quarante jours et quarante nuits de jeûnes intensifs. Et même lors de son Ministère <u>entre ciel et terre</u>, Christ continuait à prier incessamment le père. La preuve en est que lorsqu'il dit:

<<Père, je remets mon esprit entre tes mains>>, c'était une dernière prière que le Christ adressa à son père, en récitant aussi le psaume 31:6 qui dit: Je remets mon esprit entre tes mains, tu me délivres, Eternel, Dieu de vérité. Tout est bien qui finit bien. Christ commença son Ministère par la prière, il termina son Ministère par la prière.

*   *   *   *

=CHAPITRE QUATRIÈME=

V: Le Ministère <u>sous la terre</u> de Christ

Ephésiens 4:8-10

C'est pourquoi il est dit: Etant monté dans les hauteurs, il a emmené des captifs, et il a fait des dons aux hommes. Or, que signifie: il est monté, sinon qu'il est aussi descendu dans les régions inférieures de la terre? Celui qui est monté c'est le même qui est monté au-dessus de tous les cieux, afin de remplir toutes choses.

I Pierre 4:6

Car l'évangile fut aussi annoncé aux morts, afin qu'après avoir été jugés comme les hommes, dans la chair, ils vivent selon Dieu, par l'Esprit. Nous sommes arrivés au chapitre qui va susciter le plus de controverses possibles et imaginables.

Car lorsque le texte dit que l'évangile fut annoncé aussi aux morts, la grande majorité de ceux qui étudient la Bible, arrivent difficilement à admettre que ce type de morts dont on fait mention ici, soient les âmes des défunts qui étaient et qui sont encore, pour la plupart dans le Shéol. D'après leur entendement et d'après leur interprétation, quand le texte parle ici de <u>morts</u>, il s'agit plutôt pour eux de tous ceux-là qui vivent encore dans le péché, et qui sont séparés de Dieu spirituellement parlant. Mais ils ne se donnent pas la peine de comprendre que, dans la Bible, les mots ont leur valeur, et cela, dans chaque phrase, et qu'ils doivent être pris chacun dans leur contexte respectif. En effet, en présence d'un passage comme I Pierre 4:6, ce sont les mêmes controverses qui se créent, causant toujours une pomme de discorde, tant évangélique que sur le plan idéologique. Et pourtant, nous avons suffisamment de lumière dans le texte pour comprendre le message qui nous est communiqué. Ainsi donc, avec ces deux passages de base et de bien d'autres que j'aurai à utiliser à titre de références plus tard, je vais commencer par expliquer ce que j'entends par le Ministère <u>sous la terre</u> de Christ. Avant de commencer, je vous demande de me faire une promesse, de ne jamais abandonner la lecture du livre, mais de le parcourir, de la première page à la dernière, avec de quoi noter les références. Puisque vous me faites la promesse de lire avec attention, page par page, l'ouvrage, et que je crois en vous, laissez-moi entamer cette dernière partie, par la question que voici: A partir de quel moment que le Christ commençait-il son Ministère <u>sous la terre</u>? La Bible répond: Jean 19: 41-42: Or, il y avait un jardin dans le lieu où Jésus avait été crucifié, et dans le jardin un sépulcre neuf, où personne n'avait été mis. Ce fut là qu'ils déposèrent Jésus, à cause de la préparation des Juifs, parce que le sépulcre était proche. Donc, c'est à partir de ce moment-là que le Ministère <u>sous la terre</u> de Jésus avait commencé. Mais, comprenez bien; il est vrai que la Bible parle de la mise au tombeau du corps du Seigneur, mais c'est comme si le Christ partait pluôt en croisade évangélique, pour une période de trois jours et trois nuits, au sein de la population sépulcrale: Matthieu 12:40. Je sais pertinnement que pour certains, c'est un peu osé que de parler de <u>population sépulcrale</u>, pour désigner la globalité de tous ceux-là qui sont déjà décédés, et cela, à travers tous les âges; mais, je vois pas trop d'inconvénient de faire usage de cette épithète pour le définir. En revanche, parler d'un quelconque Ministère de Christ au sein d'une population sépulcrale, après sa mise au tombeau, a l'air tout simplement d'être un conte de fée ou une histoire à dormir debout, dirait-t-on. Bref, pour les ennemis de Jésus, il en était autrement; c'était un mythe inventé avec une rare imagination. Contents de s'être débarrassés de Christ, les principaux sacrificateurs et les pharisiens allèrent ensemble auprès de Ponce Pilate, pour lui demander de mettre en place, des brigades de soldats romains, afin d'empêcher un éventuel enlèvement du corps de Jésus par ses disciples: Matthieu 27:64. Toute cette machination diabolique était une façon de contrarier la résurrection de Christ. La haine religieuse des principaux sacrificateurs et d'autres ennemis de Jésus était à peine voilée. En effet, dans un excès de zèle digne de leur espèce, la rage au coeur contre les enseignements de Jésus qui mettait à nu leur hypocrisie religieuse, les chefs des synagogues qui n'avaient pas la conscience tranquille à cause des vérités entendues, firent courir des fausses propagandes contre les disciples de Christ qui, d'après leur dire, s'étaient préparés à voler le corps de Christ, pour parler en suite de sa résurrection. C'était une machination digne de leur trempe, puisque de tel plan n'a jamais été conçu par les disciples. Pour causes, après la mort de Jésus, par crainte d'être persécutés et arrêtés par les soldats romains, les disciples n'allèrent pas prendre un aussi grand risque, en esssayant de voler le corps de Christ dont ils étaient certains de la résurrection. Dans leur excès de langage, les principaux sacrificateurs et les pharisiens ont même osé qualifier Jésus-Christ d'imposteur, façon de dire qu'il n'était le Messie qu'il prétendait être. Mal compris par ceux qui le côtoyaient, mal aimé, méprisé des siens au cours de son Ministère terrestre, pour montrer sa puissance sur la mort, Christ avait fait une prophétie de sa propre résurrection; et c'est ce qui avait, sans doute créé cette méfiance au niveau de l'esprit de ces chefs religieux. Lisez et voyez, vous-même ce que Jésus déclarait en Matthieu 12:40, au sujet de sa propre résurrection: Car de même que Jonas fut trois jours et trois nuits dans le ventre d'un grand poisson, de même le Fils de l'homme sera trois jours et trois nuits dans le sein de la terre. Je vous invite maintenant à une relecture du livre de Jonas, pour mieux comprendre la divine Mission que Jésus avait accomplie au cours de son Ministère <u>sous la terre</u>. Il est vrai que la comparaison doit se faire en toutes proportions gardées, mais il y a lieu de constater qu'il existe une certaine similitude entre les faits accomplis par Jésus pendant les trois jours au tombeau et Jonas qui a passé trois jours aussi dans le ventre d'une baleine. Car, si au cours du Ministère <u>sous la terre</u> de Christ, Dieu a exercé sa miséricorde infinie envers la population sépulcrale, par la prédication de Jonas, Dieu a manifesté sa grande compassion aussi pour la population ninivite. En toute vraissemblance, la prédication de Jonas à Ninive, a provoqué le plus grand réveil jamais connu dans l'histoire du monde: Jonas 3:1-10; tandisque dans le cadre de son Ministère <u>sous la terre</u>, Jésus a annoncé l'évangile aussi aux morts, afin qu'après avoir été jugés comme les hommes dans la chair, ils vivent selon Dieu par l'Esprit: I Pierre 4:6. Il n'y a jamais eu d'événement semblable. Libre à quiconque de tenter de démontrer en jusqu'au-boutiste l'impossibilité d'un tel événement, mais cela n'empêche que Dieu reste et demeure souverain; il n'a de compte à rendre à personne; il fait ce qu'il veut; pour qui il veut; comme il veut; où il veut; sans avoir compte à rendre à personne. C'est vrai que pour certains, en ce qui a trait à l'évangile annoncé aux morts, Dieu est allé trop loin dans sa compassion, mais si l'Eternel n'avait pas trouvé trop grand le sacrifice le sacrifice de la croix, en prenant la forme d'un homme pour nous sauver, à combien plus forte raison n'accepterait-il pas d'aller prêcher aux esprits en enfer. Quant à ce qui a trait au Ministère <u>sous la terre</u> de Christ, il existe, j'en conviens, très peu de commentateurs bibliques à avoir reconnu les trois jours de Jésus au tombeau comme une phase de son Ministère avant sa résurrection mais compte tenu des ravages qu'il a eu le temps d'opérer au séjour des morts, ce n'est pas une exagération que de l'affirmer. Voilà pourquoi j'ai considéré le passage de Jésus dans le séjour des morts comme trois grands jours de croisade à la Billy Graham. Il se pourrait bien que je sois le seul ou le rare commentateur à en avoir parlé; quoiqu'il en soit et quoi qu'on en dise, je n'ai fait qu'obéir à la voix du Saint-Esprit qui m'a inspiré d'écrire ce que vous lisez présentement. Ainsi donc, quand la Bible dit en I Pierre 4:6 que l'évangile fut annoncé aussi aux morts, je ne crois pas et je ne croirai jamais qu'il s'agit des morts sur le plan strictement spirituel; j'y tiens mordicus, et cela, Je suis prêt à m'inscrire en faux, contre tout substratum d'interprétation qu'on y ajouterait pour le démentir. Car, à la lumière du passage de I Pierre 4:6, qui est tellement clair, je crois qu'il s'agit plutôt des âmes de ceux-là qui ont été faits prisonniers par Satan, depuis Abel, jusqu'au dernier défunt de l'époque de Jésus; je veux parler de ceux-là qui, de leur vivant, ont dû avoir entendu parler d'un Sauveur qui devait venir, mais qui n'avaient pas eu le bonheur de le connaitre avant leur départ pour l'au-delà. Donc la Bible est assez claire à ce sujet pourqu'on comprenne que ce que nous lisons en I Pierre 4:6, qui dit que l'évangile fut annoncé <u>aussi aux morts</u> . . . , ne laisse l'ombre d'un doute qu'il s'agit des défunts auxquels fut adressé le message de Christ au séjour des morts et qui, en partie, l'ont accepté comme tel. Et je vous invite à souligner le mot <<<u>aussi</u>>> dans le texte, ce qui, non seulement fait la force du texte comme adverbe, mais qui modifie également le sens du verbe <<annoncer>>, pour apporter plus d'éclairage contre la tergiversation. Dans ce cas précis, <<<u>aussi</u>>> signifie <<<u>également</u>>> sur le plan strictement sémantique. En sorte que, le sens logique même de la phrase nous laisse supposer déjà qu'il s'agit ici d'une autre catégorie d'êtres qui avait bénéficié de la miséricorde infinie de Dieu au cours du passage de Christ au séjour des morts. Et, dans ce même I Pierre 4:6, il y a un autre membre de phrase qui nous aide à mieux comprendre le passage. Je vous invite à le souligner aussi pour faciliter votre compréhension. La phrase est la suivante: afin qu'après avoir été jugés <u>comme les hommes</u> <u>dans la chair</u>>>. Nous avons ici un deuxième indice qui nous montre clairement qu'il s'agit d'un autre groupe qui a reçu un traitement de faveur, au même titre que les hommes dont il est question ici dans le passage. Et maintenant, avec toutes ces explications, je crois que vous êtes en mesure d'avancer avec moi dans le sujet. Sans oublier les passages ci-mentionnés, auxquels j'aurai à revenir plus tard, je crois qu'il est utile de lire aussi une déclaration de Jésus en Apocalypse 1:18 pour enchainer: Je suis le premier et le dernier, et le vivant. J'étais mort; et voici je suis vivant aux siècles des siècles; je tiens les clés de la mort et du Séjour des morts. Alors, si vous avez lu avec attention toutes explications données, vous allez vite remarquer que ces trois passages donnés comme références sont en parfaite harmonie les uns avec les autres; je veux parler de I Pierre 4:6; Apocalypse I:16 et Ephésiens 4:8-10. Pour vous donner un bref résumé, rappelez-vous que je vous ai expliqué jusqu'ici, que dans l'accomplissement du Ministère <u>sous la terre de Christ</u>, il a fait entre autres, les trois grands exploits suivants:

I) Il a pris les clés de la mort

II) Il a pris les clés du Séjour des morts

III) Il a transféré du Sein d'Abraham au paradis, les âmes

Ceux-là qui avaient cru et qui étaient sauvés: Ephésiens 4:8-10.

Autant comprendre que la Mission que Christ a accomplie au séjour des morts était quelque chose de planifié depuis l'éternité, avant même la fondation du monde. C'est le cas de le dire, sans crainte d'être démenti que le Ministère <u>sous la terre</u> de Christ n'était pas une simple Mission à accomplir, compte tenu des ravages qu'il a eu le temps d'opérer pendant ses trois jours passés en croisade au sein de la population sépulcrale. Dieu a payé un grand prix pour assurer le salut de l'humanité. Disons-le d'une autre manière que les hommes ont de l'importance aux yeux de Dieu. Car après le péché d'Adam, le monde était complètement livré à Satan qui avait en son pouvoir, la puissance de la mort, comme moyen de destruction et le séjour des morts, comme prison éternelle pour garder ses victimes. Tous ces prisonniers de Satan étaient restés là, afin de subir le même sort que lui en enfer, en compagnie de ses démons et de ses anges déchus. Avec tous ces moyens mis à sa disposition, le diable avait presque le contrôle de tout, et il était sûr qu'il n'allait pas seul en enfer. Le seul élément qui lui manquait, c'est la clé de la vie. Car avec en son pouvoir, la mort, les clés de la mort et les clés du séjour des morts, Satan se croyait disposer d'assez de moyen pour causer de nuisance à Dieu et à ses créatures. Préalablement, Lucifer était assez malin pour créer un déficit dans le ciel, en faisant perdre à Dieu un tiers des étoiles (anges): Apocalypse 12:4. Quand on dit ici <<un tiers des étoiles>>, c'est une métaphore qu'on emploie dans le langage biblique pour dire<<un tiers d'anges>>, en raison du fait que les anges sont des êtres lumineux comme des étoiles. Pourtant, Lucifer avait fait une oeuvre qui le trompe. Car Dieu avait pré-établi, à son insu, un plan rédempteur depuis l'éternité de l'éternité, pour contrecarrer celui de Satan, en employant sa miséricorde infinie, même dans le Séjour des morts, à l'égard de ceux-là qui, de leur vivant, n'avaient jamais entendu l'évangile prêché. C'est vrai que plusieurs théologiens et plusieurs exégètes de la Bible ont trouvé que c'est chose impossible pour Christ d'aller prêcher l'évangile aux morts, disant toujours que Dieu n'est pas le Dieu des morts, il est le Dieu des vivants, un passage qu'on a toujours mal interprété lorsqu'il est isolé de son contexte exact: Je suis le Dieu d'Abraham, le Dieu d'Isaac et le Dieu de Jacob? Dieu n'est pas le Dieu des morts mais des vivants: Matthieu 22:32. Il n'y a pas de doute que cette déclaration est de Jésus. Mais, doit-on l'arracher de son contexte pour faire dire à Christ tout haut ce qu'il n'a jamais pensé tout bas? Dans quel contexte Jésus posait-il cette question aux sadducéens? De la façon que les gens comprennent la déclaration de Christ, ils sont loin d'avoir compris le sens profond des paroles de Jésus. Je parie que pour bon nombre d'étudiants et d'exégètes de la Bible, ce verset veut dire tout simplement que Dieu n'a aucun rapport avec les personnes décédées, et qu'il s'intéresse seulement des vivants. Ceux qui pensent de la sorte, sont tous dans l'erreur. Car si après la mort, Dieu ne s'intéressait pas de ceux qui sont décédés, pourquoi y aurait-il une première et une deuxième résurrections? Dire que Dieu n'est pas le Dieu des morts, mais qu'il est seulement celui des vivants, c'est dire en même temps que Dieu ne s'intéresse de nous que lorsque nous sommes vivants, mais une fois décédés, il n'a rien à faire avec nous. Non! Ce n'est pas dans ce sens-là que Jésus fit cette déclaration: disant que <<Dieu n'est pas le Dieu des morts mais celui des vivants>>. Là encore, il faut faire très attention pour ne pas mal interpéter ce que je dis. Car il ne faut pas croire, en revanche que je sois partisan de ceux qui prêchent la réconciliation postmortelle avec Dieu. Je crois que c'est de son vivant que quelqu'un doit s'occuper de son salut. Ce que je dis, je le crois, et je ne suis pas en contradiction avec la Bible. Mais cela n'a pas empêché le fait que cette déclaration qui est faite en I Pierre 4:6 soit une vérité acceptable dans le sens littéral du terme, disant que l'évangile fut annoncé aussi aux morts . . . C'était une exclusivité, où Christ, dans l'accomplissement de son Ministère <u>sous la terre</u>, a usé de sa compassion infinie pour présenter à ceux qui sont dans le séjour des morts l'évangile qu'ils n'avaient pas eu le privilège d'entendre de leur vivant. En revanche, ce passage ne doit pas servir de prétexte pour refuser d'accepter de faire la paix avec Dieu de son vivant en espérant une je ne sais quelle compassion postmortem. Quand Christ dit en Matthieu 22:32 que Dieu n'est pas le Dieu des morts mais celui des vivants, il faut placer cette déclaration dans son contexte propre. D'ailleurs, la réponse que Jésus donnait sous forme d'interrogation aux sadducéens était juste. Il était venu pour communiquer la Bonne Nouvelle du salut aux vivants. Or, ces sadducéens-là, au lieu d'écouter la parole vivante que Jésus leur préchait, ce qui pouvait changer leur vie, ils préféraient lui raconter l'histoire des sept frères qui sont morts depuis longtemps dont une femme divint l'épouse avant de mourir à son tour; et leur seule motivation était de savoir à qui des sept frères elle sera femme, après la résurrection.

Ces sadducéens-là n'étaient pas sur la même d'onde que Jésus.
Car quand Christ leur parlait de la vie éternelle, ces hommes-là,
au lieu d'en profiter, ils préféraient attirer l'attention de
Christ sur des personnes déjà décédées. Donc pour Christ,
c'est comme si ces sadducéens-là voulaient lui absorber
l'esprit à parler de <<morts>>, alors que pour le moment, il
était à la recherche des vivants. C'est pourquoi Christ disait
à ces sadducéens: Dieu n'est pas le Dieu des morts mais celui
des vivants, il parlait de lui-même, puisqu'il est Dieu. C'est
comme s'il leur disait: <<Au lieu de parler des morts
maintenant, parlons de préférence des vivants.>> La réplique
de Jésus n'étaient juste. C'est comme si Jésus voulait dire aux
sadducéens en d'autres termes, que cette histoire des sept
frères et d'une femme qui sont déjà morts, ne m'intéresse
guère; ce qui importe pour moi maintenant, ce sont les
vivants. C'était une réponse bien réfléchie que le Christ a
donnée à une question osée. Donc c'était dans le sens restreint
que Jésus parlait <u>des morts</u>, mais pas sur le plan général. Il est
vrai que dans un sens, je suis complètement d'accord avec
l'idée de dire que les incrédules ne doivent pas espérer être
dans le séjour des morts pourqu'un je ne sais quel Christ aille
leur apporter le salut, mais cela ne veut, en aucune manière
dire non plus que Dieu ne s'intéressait pas des morts qui sont
dans le Hadès, pour leur annoncer l'évangile. J'aimerais bien

qu'on accepte l'idée que les déclarations de I Pierre 4:6 s'inscrivent dans le cadre d'une exclusivité de la miséricorde infinie de Dieu qui envoya non seulement annoncer l'évangile aux morts, mais de leur faire comprendre aussi qu'un jour, ils auront à se présenter devant son trône pour le jugement. C'est tellement important de le souligner que si vous y prêtiez bien attention, vous aviez certainement remarqué que j'ai répété les mêmes déclarations à chaque tour de phrase. Ce n'est pas par oubli, c'est pour le rappeler à titre pédagogique. C'est un fait prouvé par la Bible; et je n'ai même pas besoin de donner d'autres explications pour essayer convaincre. Lisez les passages suivants pour les informations complémentaires: Ephésiens 4:8-10; I Pierre 4:6 et les versets relatifs. Par ailleurs, compte tenu de la difficulté d'interprétation que présentent certains textes des Saintes-Ecritures, je ne suis pas tout à fait contre le fait qu'un grand nombre d'étudiants ou d'exégètes de la Bible aient une certaine réticence à accepter n'importe quelle vérité pour paroles d'évangile. Mais il est aussi une vérité que l'on ne doit pas ignorer, c'est qu'il existe des connaissances qui ne sont pas à la portée de l'esprit de l'homme. Car Dieu ne nous a n'a jamais révélé toutes choses. Et même en ce qui a trait à la Bible, il ne faut pas croire que les 66 livres qui la composent peuvent contenir toutes les pensées de Dieu. En sorte que, dans son inspiration, dans sa révélation et dans son illumination, Dieu a toujours le droit de réserve; et Deutéronome 29:29 le rend beaucoup plus clair encore en disans: <<Les choses cachées sont à l'Eternel, notre Dieu; les choses révélées sont à nous et à nos enfants, à perpétuité, afin que nous mettions en pratique toutes les paroles de cette loi. Il est vrai que les paroles de I Pierre 4:6 et Ephésiens 4:8-10 soient trop belles pour être vraies; il est vrai qu'elles ne soient pas à la mesure des pensées de l'homme, mais si la Bible l'affirme, pourquoi refuser de l'accepter? Il y a certains étudiants ou théologiens qui refusent de croire à la véracité de certaines pensées révélées, rien que parcque la Bible ne va pas dans tous les détails des faits. Mais, entendons-nous, si Dieu devait expliquer à l'homme chaque vérité écrite, chaque inspiration donnée, chaque révélation et chaque illumination accordées, la Bible serait devenue non seulement un livre de <<leçons de choses>>, mais, à cause de cela, le Saint-Esprit qui est là pour nous éclairer, nous orienter, serait déjà au chômage. Mais étant donné que le Saint-Esprit est encore là pour nous guider, ceux qui lisent la Bible, pour être éclairés sur les vérités cachées, doivent demander à Dieu direction afin de trouver les nourritures spirituelles qu'il faut pour nos âmes et celles dont ont besoin ceux qui font partie de nos congrégations évangéliques. Dieu est toujours disposé à répondre à nos prières et à nos supplications si nous cherchons en toute humilité sa présence, et si nous sommes prêts à écouter sa voix nous parler comme dans un doux murmure. C'est à nous de faire silence dans nos coeurs; et pour avoir l'inspiration qu'il faut, pour accomplir la tâche qu'il faut, c'est à nous de laisser le Guide Spirituel nous orienter, en acceptant aussi nos limitations devant l'infinie grandeur du Créateur. En disant en I Pierre 4:6 que l'évangile fut annoncé aux morts pendant le Ministère <u>sous la terre</u> de Christ, cela peut paraitre chose impossible pour certains, pourtant, Dieu reste et demeure le Maître incontesté de toutes connaissances, Celui qui a le droit de réserve en toutes matières; et le nom de Jésus était, est, et sera le seul devant lequel tout genou fléchira <u>dans le ciel</u>, <u>sur la terre</u> et <u>sous la terre</u>. Cette déclaration n'est ni une citation d'auteur qui cherche à enjoliver une vérité pour être admissible, c'est Dieu lui-même qui l'a inspirée à Paul en disant: Afin qu'au nom de Jésus, tout genou fléchisse dans <u>les cieux</u>, <u>sur la terre</u> et <u>sous la terre</u>: Philippiens 2:10. Dans la Bible, les mots ont leur valeur et les idées qu'ils véhiculent doivent être respectées avec une grande piété. Ainsi donc, puisqu'il s'agit de parler des trois étapes accomplies ou du triple Ministère de Christ, je voudrais attirer votre attention encore une fois sur ce même Philippiens 2:10, et regarder aussi avec quelle précision que la vérité est présentée à nous. En effet, si vous acceptez l'idée que dans la Bible, les mots ont leur valeur, souffrez que je fasse pour vous une rare considération, avant d'arriver à l'essentiel. Pour ce qui est de l'autorité de Jésus dans le ciel, sur la terre et sous la terre; pour ce qui est de la gloire et les louanges qui lui sont dûes, dans le monde présent et celui à venir, il importe de souligner dans le texte, les trois positions distinctes qui sont indiquées par la Bible, où le Christ a déjà posé les jalons de son Empire éternel. Le texte nous dit que tout genou fléchira au nom de Jésus: <u>Dans les cieux</u>. C'est une position extra-territoriale. Dans cette position-là, il y a les anges qui se prosternent pour adorer Jésus, y compris les êtres déchus dont le nom même de Christ fait trembler les trônes, que ce soit dans le monde visible ou invisible. Vient en suite une deuxième position géographique: <u>Sur la terre</u>. Dans cette position-là, existent à peu près sept milliards de gens, répartis à travers presque sept continents de toute la planète. De cet espace de géographie humaine, existe une concentration d'habitants évaluée à quelque 7. 000. 000. 000 de gens, dont 2. 500. 000. 000 environ n'ont jamais entendu parler de Christ. Ce qui laisse comprendre que les gagneurs d'âmes que nous sommes, nous avons du pain sur planche. Car un jour viendra, où tous les genoux fléchiront devant Jésus pour lui donner gloire et louanges dont seul il en a le mérite. Et c'est Jésus lui-même qui a déclaré en disant:

Car il est écrit: Je suis vivant, dit le Seigneur: Tout genou fléchira devant moi, toute langue donnera gloire à Dieu: Romains 14:11. Vient en fin, une troisième position géographique: <u>Sous la terre</u>, où l'Empire de Christ a déjà étendu ses cordages, dans le Séjour des morts. Comprenez bien, quand le texte dit que <u>l'évangile fut annoncé aux morts</u>, les mots peuvent paraitre simplistes, apparemment, mais la tâche à accomplir en elle-même ne l'était pas. Il est vrai que c'est chose impossible pour l'homme, de déterminer avec exactitude la densité de la population sépulcrale, mais, il n'en demeure pas moins vrai qu'il y a plus de morts au cimetière qu'il n'y en a de vivants sur la terre. Car, s'il fallait compter pour en déterminer le nombre, partant de la mort d'Abel pour arriver au dernier défunt qui vient de rendre son souffle au moment même où vous lisez ce livre, si la terre n'était pas un tombeau intiatiable, il y a longtemps déjà qu'il aurait affiché <<complet>>. Personne ne le sait. Toutefois, on peut se permettre de faire des approximations mais, s'agissant de déterminer la quantité exacte de ceux qui sont déjà partis, soit pour l'éternité bienheureuse ou malheureuse, le chiffre est si grand, que les mathématiques des hommes pourraient difficilement en déterminer le nombre. Pour être honnête, il faut avouer qu'à l'époque de Christ, la population de la terre n'était pas aussi dense qu'elle l'est aujourd'hui. En effet, selon les informations tirées des annales de l'époque, on a rapporté que vers le début du premier siècle, au temps de Jésus-Christ, la population du monde était évaluée à quelque 250. 000. 000 d'habitants. En I Pierre 4:6, la Bible nous dit que l'évangile fut annoncé aussi aux morts . . . Quand le texte dit<<aux morts>>, il ne faut pas le saisir dans le sens inclusif du terme. Car il ne s'agissait pas des morts à Jérusalem ou dans les régions avoisinantes seulement, mais des défunts de toute la population sépulcrale du sous-monde. Mais combien en était-elle? Personne n'a la réponse. Mais il y a fort à parier que le nombre de personnes déjà décédées depuis Abel au dernier défunt d'alors était le triple de celles qui vivaient encore à l'époque de Jésus. Il est vrai que les révélations que je fais maintenant dans cet ouvrage sont un peu osées pour certains lecteurs qui peuvent même me reprocher d'aller trop loin dans les détails, mais je crois qu'il est important d'en parler aussi, si l'on veut comprendre vraiment ce que cela sous-entend, quand la bible dit que l'évangile fut annoncé aux morts. Je tenais à le souligner, afin de montrer combien grande était la Mission qui fut accomplie par Jésus-Christ, durant ses trois jours de Ministère exercé <u>sous la terre</u>. Dans l'ensemble, ce qui est important pour moi dans ce passage, c'est lorsque que Jésus affirme que non seulement les anges des cieux et les habitants de la terre fléchiront le genou devant lui, mais il parle aussi de toute la population sépulcrale qui devra en faire autant. Nous y voilà. Cette partie du sujet ne doit ne pas nous intéresser comme telle. Et pour essayer de mieux comprendre ce que Christ voulait dire par cette expression<<Sous la terre>>, permettez-moi d'insister un peu. Essayons de voir d'abord le sens profond de l'expression: Tout genou fléchira devant lui et toute langue confessera . . . Qu'est-ce que Jésus entend dire par-là? Quand Jésus parle de la sorte, il veut dire tout simplement que, quand il établira son trône sur la terre, sa volonté sera faite sur toute la terre, sous toute la terre, comme au ciel. Ou, en d'autres termes, Christ veut dire, que quand il établira son règne, tous les habitants qui sont à la surface de la terre et ceux qui sont dans le sous-monde, indistinctement quelconque, tous se courberont le genou devant lui et confesseront qu'il est le Seigneur des seigneurs, comme cela se fait dans le royaume des cieux. C'est vrai que les vérités sont incontournables et les paroles rassurantes, mais, ce qui nous parait un peu étrange ici, c'est que Christ n'exclut pas la population sous la terre. Il est intéressant de se demander aussi comment cela sera-t-il possible? Car selon nous, les hommes, les morts sont les morts; la poussière qui retourne en poussière, puis c'est le silence le plus complet au cimetière. Mais d'après ce passage, pour Christ, la réalité est tout autre, puisqu'il espère recevoir aussi adoration et confession de ceux qui sont morts depuis Abel jusqu'au dernier défunt qui est déposé au tombeau, au moment même où vous lisez ce livre. Comment cela sera-t-il possible? Dans ce cas là, il y a lieu de comprendre la déclaration de Jésus d'une autre manière. Car si le Christ lui-même, qui est Dieu, espère des habitants du sous-monde, prosternation, confession et adoration, cela nous laisse voir clairement que pour Christ, les morts ne sont pas vraiment morts, comme nous le comprenons nous-mêmes. Devant une telle réalité, cela ne fait que confirmer ma déclaration, disant que Jésus ne voulait pas parler des morts en général, quand il fit comprendre aux sadducéens que Dieu n'est pas le Dieu des morts, mais celui des vivants. Jésus n'est jamais en contradiction avec lui-même quand il fait ses déclarations. Car si le Christ n'était pas le Dieu des morts, comment pourrait-il espérer de la population du sous-monde, confession et adoration? Qu'on l'accepte ou non, quand Jésus parle de ceux qui sont <u>sous la terre</u>, qui auront à fléchir le genou devant lui, il ne faut pas croire qu'il existe une autre civilisation d'hommes qui mènent une vie active comme la nôtre, à des milliers de kilomètres de profondeur. Non! Il s'agit tout simplement de ceux qui sont décédés, peu importe le nombre des années; et ce sont ces morts là qui forment ce que j'appelle la <u>population sépulcrale</u>. De la façon que le Christ aborde le sujet, cela nous fait voir aussi que Dieu connait l'homme mieux que quiconque. Car si pour nous, c'est le corps de l'homme qui est l'homme, pour Christ, la réalité est tout autre. En fait, pour Dieu, ce n'est pas l'enveloppe qui est la lettre, mais ce qui est à l'intérieur de l'enveloppe. En conclusion, il y a lieu de comprendre que l'histoire que raconte Jésus en Luc 16:19-31, est non seulement une fenêtre ouverte sur ce qui se passe dans l'invisible, mais c'est aussi un coin de voile levé sur l'éternité. En sorte que l'histoire que raconte Jésus est un lever de rideau qui nous laisse découvrir entre autres, que l'enfer n'est nulle part ailleurs que dans les profondeurs de la terre, même si l'on est pas en mesure de déterminer exactement à quelle distance. L'histoire que raconte Jésus nous fait remarquer également que, quand les chrétiens et les païens sont décédés, même s'ils prennent le même train, à la même gare, mais, ils ne vont pas à la même destination; ils ne vont pas au même terminus. Quand je dis<<même train, à la même gare, à la même direction>>, laissez-moi vous expliquer ce que je veux dire par là: Quand les païens et les chrétiens sont décédés, le cercueil du défunt, représente d'une manière symbolique, le train qu'il prend pour le voyage, le monde où nous vivons, représente la gare; la direction, c'est la fosse qui est creusée dans la terre pour recevoir le corps du défunt; dites-moi ce que vous voulez, dans la forme, il n'y a pas de différence entre la mort d'un chrétien et celle d'un païen. Car, au vu et au sû de tous, c'est comme si le criminel et l'innocent vont au même endroit, puisque ce sont les mêmes processus qui sont engagés ni pour l'un ni pour l'autre. Et pourtant, ce n'est pas la direction du voyage qui est importante, c'est la destination. Si vous prenez le cas de l'homme riche et celui du pauvre Lazare, ils avaient pris la même direction, mais ils n'étaient pas déposés à la même destination. Ah! ah! Je rends gloire à Dieu puisque vous commencez à comprendre. Continuez à lire Luc 16:19-31 pour que l'Esprit vous éclaire davantage. Vous comprenez aussi bien que moi que les 33 ans que Jésus avait vécus sur la terre avait été aussi un long temps de silence, en ce qui concerne la splendeur du royaume des cieux. Car Christ n'a jamais donné la description exacte de la beauté incomparable de la demeure de son père. Mais avec l'histoire qui nous est racontée en Luc 16:19-31, pour nous les chrétiens, et pour ceux lisent et comprennent la Bible, il n'y a presque pas de mystère encore entre l'invisible et le visible. Pour moi, Luc 16:19-31 représente une fenêtre ouverte entre le visible et l'invisible; un lever de rideau sur la demeure de Dieu. En fait d'informations, Luc 16:19-31 ressemble un peu à l'Apocalypse de Jean. C'est pourquoi, Jésus ne se contentait pas seulement de raconter l'histoire mais, il entrait aussi dans les détails. En effet, il nous dit que

Lazare fut porté par les anges dans le Sein d'Abraham, tandisque, l'homme riche allait dans le séjour des morts. Il est vrai que Jésus ne l'a pas expliqué du fil en en aiguille dans sa narration, mais, moi, je pense qu'à l'instar de Lazare, l'homme riche fut porté aussi par des anges dans le séjour des morts. C'est comme si au cours du voyage vers l'éternité, arrivé à une certaine distance, il y a une escale à faire, pour une sorte de bifurcation ou pour un changement de direction, vers une autre destination. C'est vrai que dans l'histoire racontée par Jésus, il n'a pas tout expliqué, mais j'ai comme l'impression que, lorsque les anges transportent au paradis les personnes qui sont sauvées, arrivées là-bas, les amis que la mort nous a ravis depuis bien longtemps et qui étaient partis avant nous, se reconnaissent les uns les autres et les retrouvailles sont célébrées dans la joie et dans un transport d'allégresse à nulle autre pareille. Avant de continuer, laissez-moi ouvrir une simple parenthèse en ce qui concerne le sacrifice de la croix. Le seul objectif visé par Christ, était de faire la reconquête du paradis perdu et de le remettre à l'homme. Prenons maintenant le cas du brigand sur la croix, toujours en ce qui a trait à sa destination, pour avoir réagi différemment à l'endroit de Jésus, lui demandant de se souvenir de lui quand il sera dans son règne, Christ lui a répliqué par anticipation en disant: aujourd'hui, tu seras avec moi dans le paradis: Luc 23:43. Pourquoi je dis: par <u>anticipation</u>? Je dis: par <u>anticipation</u>, c'est parce que Jésus savait déjà que le <<paradis>> était l'autre destination dans laquelle les âmes des sauvés allaient être transférées. Sinon, Jésus aurait dit au brigand: <u>aujourd'hui, tu seras avec moi dans le Sein d'Abraham</u>. Jésus ne parlait pas de ce lieu parcequ'il considérait le Sein d'Abraham comme une sorte de paradis provisoire préparé par Dieu pour consoler, après la mort, ceux qui croyaient en lui, en attendant la venue du Messie et sa descente au séjour des morts. C'est vrai que le séjour des morts et le Sein d'Abraham étaient tous deux dans le Shéol ou dans le Hadès, mais il y avait deux compartiments distincts. Le séjour des morts est situé à un endroit inférieur par rapport au Sein d'Abraham, avec un grand abîme de séparation. D'après ce que Jésus nous dit dans l'histoire, entre le Sein d'Abraham et le séjour des morts, il n'existe pas de promenade, mais on peut voir et entendre ce qui se passe là-bas. Cela indique clairement aussi que, lorsque nous serons dans la félicité éternelle avec Dieu, ceux-là qui seront en enfer, pourront voir et entendre nos transports d'allégresse. C'est alors et alors seulement qu'ils se seront rendu compte que le paradis promis par Christ, était une réalité, mais, hélas, il sera trop tard. Donc le Sein d'Abraham était là provisoirement, jusqu'à la descente de Christ dans le Shéol. Quand le Chrsit est descendu dans le séjour des morts, lors de son Ministère sous la terre, selon Ephésiens 4:8-10 et les autres passages de références, Christ a vidé le Sein d'Abraham de son contenu, en transférant les âmes des sauvés directement au paradis. C'est pourquoi que Christ a dit au brigand: <<aujourd'hui, tu seras avec moi dans le paradis et non <<dans le Sein d'Abraham.>>

*   *   *   *

=EPILOGUE=

Cet ouvrage que avez à votre disposition: <<Le triple Ministère de Christ, de la terre au séjour des morts>>, n'est pas une oeuvre réalisée sur simple dilettantisme ou de fantaisie d'auteur. Pour sa rédaction, c'est la première fois dans ma vie que j'ai préparé un manuscrit avec une aussi grande tapidité. D'ailleurs, le titre même du livre m'a été révélé, et m'est tombé à la mémoire et y est resté comme un papillon pris au filet d'une araignée, alors que j'étais en prière devant Dieu. Quelque temps après la séance de prière, le titre m'était resté toujours collé à la mémoire comme s'il s'agissait d'un livre qui existait déjà. Pour éviter de l'oublier, j'ai vite pris une plume et un mémoire de quoi noter. Après l'avoir écrit, je me suis mis à juger si cela pouvait exister vraiment sous forme de livre. Adoptée comme telle, voilà comment une idée simple est devenue l'ouvrage que vous lisez maintenant. <<Le triple Ministère de Christ, de la terre au séjour des morts>> qui est présenté en quatre chapitres, divisés en titres et en sous-titres. Tenant compte du fait que la Bible est le seul Livre qui fasse autorité en matière de foi, j'ai eu l'extrême prudence de traiter les sujets, en donnant les références bibliques qu'il faut, pour ne pas laisser supposer que ce sont mes opinions personnelles ou ma philosophie que j'ai mises en lecture sous forme de dissertations littéraires. Pour faciliter à un large public la lecture de l'ouvrage, conscient qu'avec l'âge que la vision occulaire pourra créer un manque d'intérêt, j'ai enjoint à la maison d'Edition que le livre soit imprimé en gros caractères. Dans le même ordre d'idées, pour présenter aux lecteurs une oeuvre qui soit à la hauteur de leur espérance, j'ai fait du mieux que je pouvais, mais n'empêche que certaines erreurs puissent arriver à tromper ma vigilance. C'est pourquoi, je vous demande d'aborder les sujets en lecteurs avisés, afin d'accepter mes <<mea culpa>>, si par hasard il vous arrive de rencontrer des fautes d'orthographe ou des incohérences d'idées causées par inadvertance. Je n'en fais pas une excuse, mais, ce sont des choses qui arrivent. Car le vouloir de bienfaire me suit toujours comme mon ombre attachée à ma personne. Mais à chaque fois que j'essaie d'en être irréprochable, le train de l'imperfection m'a forcé d'en être au dernier wagon; façon de dire qu'il ne m'a pas toujours été tâche facile de vaincre mon ordinateur qui, étant déjà programmé en langue anglophone, m'a livré quelque résistance, à chaque fois qu'il s'agit de le faire écrire en français. Ainsi, s'il m'est arrivé à ne pas trouver grâce auprès de vous chers lecteurs, pour un avis favorable, je n'aurai même pas le droit de me défendre, car l'oeuvre d'un écrivain est une pièce littéraire livrée la sanction éternelle des autres, pour n'être, à juste titre, appréciée qu'après sa mort, fut-elle de son vivant, placée au rang des best-sellers. A ce moment-là, allongé froidement dans son cercueil, le dos contre la terre, la face tournée vers le ciel, quoique défunt, c'est à ce moment-là que l'auteur appose sa dernière signature devant la mort qui a fait tomber sa plume et l'a forcé à déguerpir. Et pour ma part, je n'ai aucune prétention avoir réalisé une oeuvre au-plus-que-parfait que je me serais attribuée à titre personnel. Car pour ce qui est de la conception, de la rédaction et de la présentation de l'ouvrage, étant donné que ni le titre, ni l'inspiration, ni la révélation, ni l'illumination, ni l'intelligence, ni la connaissance, ne sont de moi, mais de Christ, voilà pourquoi, le Dieu tout-puissant est le premier personnage à qui j'ai dédié en toute humilité, cette oeuvre littéraire; le second à en avoir le mérite, est le frère Glachan Charlestin, à qui je souhaite de tout coeur d'avoir une longue vie, une santé robuste et un rare bonheur dans la vie afin de voir briller la gloire et la puissance du Seigneur. Le troisième personnage à qui est dédié cet ouvrage est le révérend pasteur de mon église électronique, le pdg Creflo Dollar Ministries,

Atlanta, Georgie (U. S. A). Pour le reste, ils sont tellement nombreux ceux-là que j'ai toujours gardés en mémoire, s'il fallait citer de noms, la liste serait tellement longue que je n'en finirais pas. Ainsi donc, pour éviter d'être passible de jugement pour mémoire oublieuse, l'ouvrage est donc dédié aussi à tous ceux-là qui m'aiment au point de me haïr, et dédicace est faite aussi à tous ceux-là qui me haïssent par comission et surtout à ceux qui ne le font que par omission. S'il y a plus de bonheur dans l'amour que dans la haine, que ceux qui haïssent par comission commencent à enterrer la hâche de guerre et que ceux qui ne le font que par omission renoncent à leur mauvais dessein. Et en guise de poème écrit avec des mots superflus, j'offre une gerbe de pardon pour un bouquet de haine. En attendant de vous retrouver à une prochaine publication, loin de toute prétention et d'esprit d'orgueil, au nom de Dieu, je prophétise sur ce livre. Un jour viendra, où l'on cherchera partout, dans les rayons des bibliothèques du monde, pour trouver un exemplaire de ce livre, mais, il en existera très peu. En ce jour-là, cette soif de trouvailles qui se fera sentir ne sera ni en raison de la haute qualité de style de l'auteur, ni à cause de la vérité absolue qu'on y trouvera, mais parcequ'il y aura une faim spirituelle si intense par toute la terre et une si grande pénurie de parole entre chrétiens et païens, que ceux-là qui auront méprisé la Bible et son enseignement, trouveront précieux en temps de privation, même ce qu'ils auront rejeté dans les saisons de vaches grasses. Ainsi donc, vous qui possédez un exemplaire de cet ouvrage, gardez-le précieusement, lisez-le avec autant d'intérêt et d'esprit de partage; et n'oubliez surtout pas de me critiquer aussi avec toute la force de votre être, et toute la haine de votre coeur d'avoir tenté une oeuvre osée. Mais, il y a une une simple faveur que je vous demande de me faire, c'est de ne jamais oublier que je suis une étoile placée dans la grande constellation de la galaxie divine. Donc si vous voyez ma lumière briller sur une montagne, au lieu d'essayer de l'éteindre, laissez-la répandre la splendeur de ses rayons dans les épaisses ténèbres du monde. Car jamais une lampe allumée ne sera mise sous le boisseau pour être vue. Tout en vous laissant attirer par Jésus-Christ qui est la lumière du monde, bonne lecture, je vous souhaite à tous, et que le fruit de cette inspiration soit à portée de coeur de chacun et qu'il fasse aussi les délices spirituelles de tous ceux qui sont en recherche, avec une curiosité extrême et une soif inassouvie.

Avis ultime:

Toutes les parties de l'ouvrage qui sont imprimées en rouge sont les textes de références.

* * * *

=BIBLIOGRAPHIE=

- La Bible Scofield/Edition 1967
- Le Nouveau Testament Interlinéaire/grec/français par Maurice Carrez avec la collaboration de Georges Metzger et Laurent Galy Alliance Universelle/5ème Edition
- Commentaire biblique du chercheur/Nouveau Testament Par John Walvoord/Roy. B. Zuck Basé sur la Bible Segond révisée en 1979, Edition de Genève
- Willington's Guide Bible Par Dr. H. L. Willington Tyndale House Inc/Weaton, Illinois
- 7 poèmes, 7chansons sur les 7 paroles de la croix. Par Louimaire Moléon Guillaume Publié en France en 1994, Première Edition; enregistrés à la même année, à la Maison des Gens lettrés de France. Réimprimé à New-York, en 1999 Par Wilson Douce, Deuxième Edition. Pour vérifications orthographiques, Le Petit Larousse illustré 1999/Edition entièrement nouvelle.

*   *   *   *